河北省委宣传部委托课题

河北长城文化和旅游产业带发展策略研究

苏敏 杜浩 著

河北大学燕赵文化高等研究院
INSTITUTE FOR ADVANCED STUDY OF YANZHAO CULTURE,HEBEI UNIVERSITY
成果文库

河北省文化产业发展研究中心
系列成果

河北大学出版社
·保定·

河北长城文化和旅游产业带发展策略研究

HEBEI CHANGCHENG WENHUA HE LÜYOU CHANYEDAI FAZHAN CELÜE YANJIU

出 版 人：朱文富
责任编辑：刘　婷
　　　　　韩卫东
装帧设计：杨艳霞
责任校对：兰彩红
责任印制：常　凯

图书在版编目（CIP）数据

河北长城文化和旅游产业带发展策略研究 / 苏敏，杜浩著. -- 保定 ：河北大学出版社，2023.1
ISBN 978-7-5666-2100-9

Ⅰ. ①河… Ⅱ. ①苏… ②杜… Ⅲ. ①长城－文化遗产－旅游业发展－研究－河北 Ⅳ. ① K928.77 ② F592.722

中国国家版本馆 CIP 数据核字 (2023) 第 012114 号

出版发行：河北大学出版社
　　地址：河北省保定市七一东路 2666 号　邮编：071000
　　电话：0312-5073019　0312-5073029
　　邮箱：hbdxcbs818@163.com　网址：www.hbdxcbs.com
经　　销：全国新华书店
印　　刷：涿州市般润文化传播有限公司
幅面尺寸：170 mm × 240 mm
印　　张：13.25
字　　数：216 千字
版　　次：2023 年 1 月第 1 版
印　　次：2023 年 1 月第 1 次印刷
书　　号：ISBN 978-7-5666-2100-9
定　　价：39.00 元

前　　言

“孟姜女哭长城”的传说流传已久，“不到长城非好汉”已成为人们熟知的谚语。“都说长城两边是故乡，你知道长城有多长，它一头挑起大漠边关的冷月，它一头连着华夏儿女的心房……”当年一首《长城长》唱响大街小巷。长城，或者说长城文化，已融入人们的日常生活。

长城，是人类的重要文化遗产，同时也是中华民族的重要象征，是中华民族精神的重要标志。自1954年10月，周恩来总理陪同印度总理尼赫鲁登临长城后，来访的很多国家元首、政府首脑都会登一登长城，感受长城风采，北京八达岭长城已累计接待500多位外国政要。习近平总书记在考察长城时表示，长城是中华民族精神生生不息的根脉之一。2019年《长城、大运河、长征国家文化公园建设方案》审议通过。自此，关于长城的保护传承从被动式的依附式的自然资源延续发展到主动式的创新式的主题资源开发。长城旅游线路、长城文化产业带、长城国家文化公园等概念的提出，是对长城文化的深度挖掘，也使长城文化进一步融入整体区域的产业发展，融入全国一盘棋整体性的开发规划。

河北长城占全国长城总长度将近五分之一，除了体量丰富，在年代、形制等方面均有独特的价值。在拥有丰富独特资源和国家高层次规划指导背景下，河北长城文旅产业带如何进行有效开发，这既是历史问题、时代问题，也是本书要尝试回答的基本问题。

要回答好这一问题，首先需要了解长城分布的特征，将视野扩大，可以看到开发或待开发的长城旅游景点就像一颗颗珍珠分散在各地，长城就像一条轴线将其串联起来。长城文旅产业带的发展既有景区的极点发展，也有区域或长城主题的整体性开发，这与“点-轴”理论的研究不谋而合。同时，我们跳脱出长城自然本体，将长城作为一种文化进行开发，文化符号学的相关理论提供了支点。因此，本书从多学科出发，结合现实政策规划以及河北省长城的地域特征进行开发策略的相关研究。

其次，回答好这一问题最重要的是将长城与其他要素进行融合，以产业带的视角来看问题。长城及其周边蕴藏着丰富的资源，需要实现联动发展。比如，对长城及其周边的红色文化资源、生态绿色资源要进行整体的区域发展规划。只有对长城进行融合式开发，才能更好地保护长城本体，深入地挖掘长城文化旅游潜力，发挥长城品牌的带动作用。因此，本书主要从红色文化资源开发、生态绿色资源开发、乡村振兴三个方面进行整体架构，这也将构成本书上篇的主要内容。

最后，长城是一个整体概念，具体开发策略需与区域的特殊性一起考量，这也构成了本书下篇的主要内容。比如，秦皇岛山海关，旅游开发方面已有很丰富的经验，相关产业已有基础，可以对其进行产业聚集区的考量；金山岭长城有着最美长城的称号，可提高其辨识度，提升产业价值；唐山长城主要集中在北部，可以北部为区域特征进行标识；对于张家口，可以将其特殊的历史、地理位置和独特文化资源进行整合，塑造品牌；保定的长城大多分布于经济不发达区域，可以结合美丽乡村建设顺势而为。让我们擦亮每一颗珍珠，赋予它们不一样的光芒，使长城这串美丽的“项链”能够熠熠生辉。

总的来说，本书既有对宏观层面方向性的关照，也有对区域特殊性的书写，较为详细地整理了相关资源数据、政策资料等，并在此基础上提出建设性的策略、建议，希望对河北省长城文化和旅游产业带开发贡献力量。

对于长城文旅产业带发展的研究是一个具有重大意义的时代课题，希望本书能够抛砖引玉，吸引更多的专家学者加入进来。

目　　录

下篇　区域特色开发

绪　论

一、研究缘起

万里长城是世界上规模最大的单体线性文化遗产，是中国也是世界上修筑时间最长、工程量最大的一项古代防御工程，被誉为世界中古七大奇迹之一。18世纪，狄德罗编纂的《百科全书》将长城与金字塔并誉；1893年，《世纪插图月刊》将长城描写成“人类唯一杰作，其宏大体量足以在人们匆匆浏览地球表面时引起他们的注意”①。1987年，联合国教科文组织将长城列入《世界遗产名录》。

在西方，从启蒙运动时代开始，长城就在西方享有盛誉，并逐渐成为中华文明的重要标志。在我国，长城自20世纪初起逐渐成为国家象征符号。2019年8月20日，习近平总书记在嘉峪关关城考察时强调，当今世界，人们提起中国，就会想起万里长城；提起中华文明，也会想起万里长城。长城、长江、黄河等都是中华民族的重要象征，是中华民族精神的重要标志。我们一定要重视历史文化保护传承，保护好中华民族精神生生不息的根脉。②

根据2012年国家文物局长城资源认定工作的结论，长城资源分布于北京、天津、河北、山西、内蒙古、辽宁、吉林、黑龙江、山东、河南、陕西、甘肃、青海、宁夏、新疆15个省（自治区、直辖市）、404个县（市、区），几

---

① Arthur Waldron：《长城：从历史到神话》，石云龙、金鑫荣译，江苏教育出版社，2008，第277页。

② 李近远、张文博：《习近平总书记在甘考察回访记·嘉峪关》，http://gs.people.com.cn/n2/2019/0823/c183283-33280224.html，访问日期：2023年1月5日。

乎遍布大半个中国。各类长城资源遗存总数 43 721 处（座/段），墙壕遗存总长度 21 196.18 公里。可以说，长城总长度可以连接地球表面南极和北极。

河北的长城资源占全国长城资源的 18.89%，并有着自身的独特性。

首先，河北段长城囊括了战国、汉、北魏、北齐、唐、金、明等历史时期修筑或使用的长城墙体及附属设施，堪称历代长城的博物馆。河北段长城建筑形式完备，是“中国历代长城建筑全面而典型的代表”①，不仅有烽燧、城墙、关隘、城堡、亭障、障塞等形制，建筑方法也多种多样。河北段长城最早为生土夹板夯筑，后由土坯发展至砖砌，仅明代长城城墙就有砖墙、条石墙、虎皮石墙、黄土夯筑墙、砖石混筑墙、马道式平顶城墙、尖顶城墙、圆顶城墙、障墙、拦马墙、劈山墙、山险墙等多种形式。除地上长城外，河北还有宋辽古战道的地下长城、潘家口水下长城等特殊形态长城资源。河北段长城的山海关、喜峰口、紫荆关、龙泉关均为我国万里长城著名的雄关。

其次，“拥抱大海，穿越燕山”，河北省长城分布范围广。早期长城和明长城共分布于河北 59 个县（市、区），涵盖了燕山、太行山、坝上高原、华北平原等多个区域。河北长城分为内长城和外长城两段：外长城自河北张家口市怀安县、万全区、桥西区、崇礼区、赤城县，经北京延庆区居庸关西北在延庆区四海冶和内长城交会。内长城经河北保定市阜平县、涞源县、易县、涞水县，张家口市涿鹿县，入北京市门头沟区，又回到张家口市怀来县，再入北京延庆区八达岭、居庸关西南，在北京延庆区四海冶和外长城交会。

最后，河北境内长城尤以明代长城保存较为完好，多为我国明长城的重要点段所在。长城从入海处“老龙头”向西绵延 2000 多公里，西至张家口怀安县马市口，南至邯郸武安，主要分布在秦皇岛、唐山、承德、张家口、保定等 8 市、40 个县。建筑风格最具代表性，有“两京锁钥无双地，万里长城第一关”的山海关、倒挂山崖的角山长城、原始野性的青山关、水下长城潘家口、“大好河山”大境门等雄关漫道。其中，怀来县样边长城是明代建造长城的样板工程；长城最精华的地段金山岭被《孤独星球》旅行指南评为“中国最佳长

---

① 河北省地方志编纂委员会编《河北省志（第 81 卷·长城志）》，文物出版社，2011，第 86 页。

城徒步路线”。

长城是凝固的历史，传承与弘扬长城精神始终是长城保护的首要之义。2016年国务院印发《“十三五”旅游业发展规划》，提出打造长城生态文化旅游带等国家精品旅游带。2018年4月8日，文化和旅游部正式挂牌，标志着我国文化产业与旅游产业融合发展的全新时代正式拉开序幕。随着国家文化旅游发展政策体系的完善，长城的文化旅游发展进入了快车道。2019年7月24日，中共中央总书记、国家主席、中央军委主席、中央全面深化改革委员会主任习近平主持召开中央全面深化改革委员会会议，会议审议通过了《长城、大运河、长征国家文化公园建设方案》。关于长城文化旅游带、长城国家文化公园的建设开发在国家政策层面被提上日程。文件发布后，各省、市根据自身地理资源等情况开展相关项目落地规划和实施。自此，长城文化旅游带、长城国家文化公园成为长城文旅开发的主要途径。

长城旅游是河北旅游业的重要板块之一，在河北省旅游业中占有重要位置。20世纪80年代，随着旅游热的兴起，河北开辟了一条长城旅游线路，吸引了大批中外游客。2011年发布的《河北省旅游业发展“十二五”规划纲要》提出，河北省将重点打造10条精品旅游线路，其中包括京津冀长城文化体验之旅的线路，河北省致力将其打造为中国最具代表性的长城旅游线路。2016年发布的《河北省文化产业发展“十三五”规划》中提出，河北要以沿海文化产业带、太行山文化产业带、长城文化产业带、大运河文化产业带为支撑，构建“两区四带”文化产业发展格局；发挥河北省长城资源丰厚的比较优势，依托长城内外的有形风物和无形资源，大力发展长城文化产业，提升长城旅游文化内涵，打造“美丽河北·壮美长城”系列文化品牌。自2021年《长城国家文化公园建设保护规划》发布以来，河北省依据本省长城资源现状，出台了一系列相关文件，其中《长城国家文化公园（河北段）文化和旅游融合发展专项规划》对河北省长城国家文化公园的文旅融合开发提供了针对性指导。

长城河北段主要分布于燕山—太行山一带，沿线文化和旅游资源得天独厚，有进行文化和旅游产业开发的基础和需求。沿线有世界文化遗产1处（2项）、国家历史文化名城3座、国家历史文化名镇6座、国家历史文化名村

31个、全国重点文物保护单位84处、非物质文化遗产277项，全国爱国主义教育示范基地4处、红色旅游资源92处，森林公园87家、国家风景名胜区7家、自然保护区32家。① 长城沿线的城墙、关隘、敌台、烽燧与丰富多彩的民间活动最终积淀为一条由物质文化与非物质文化构成的长城文化带。面对丰富的长城资源，在新时代利用新技术进行科学整合、开发，让长城“活”起来，显得尤为重要。

此外，长城河北段分布地区也是国家原集中连片贫困区所在地，长城沿线发展不平衡、不充分问题突出，沿线59个县（市、区）中原有国家级贫困县23个，占全省总数的59%。2018年全国两会期间，全国政协委员、河北省文化厅厅长张妹芝建议，要结合长城沿线脱贫攻坚、乡村振兴和全面建成小康社会工作，建设长城文化带，让长城保护融入经济社会发展，使保护成果更好惠及民生。2019年9月，河北省文化和旅游厅印发的《关于深化实施“景区带村”旅游扶贫工作的通知》提出，到2020年，重点引导全省59个景区带动135个贫困村脱贫。

河北长城文旅产业带开发关乎当地人民生活水平的提升，关乎国家发展战略。如何更好地构建河北长城文化和旅游产业带是时代和现实发展提出来的课题。面对这一课题，首先要厘清河北地区现有长城资源及其周边资源的历史、现状及存在的问题。对这些资源进行梳理，按照不同价值分类，在实地调研的基础上分门别类地建立可靠的资源列表。其次要按照长城轴线和长城国家文化公园建设规划，对相关资源进行整合，因地制宜，根据不同地域不同的地理文化特色，将长城旅游和乡村振兴、红色旅游、绿色生态保护结合起来，充分考虑不同地区的区位特点、自然禀赋、产业基础、历史文化等，规划出切实可行的、优质的长城文化旅游带。再次，长城文化带建设需要文化、文物、农业、园林绿化、交通、旅游、国土规划、城乡建设等多个部门的协同推进，因此要系统梳理文物保护、生态涵养、新农村建设、区域经济发展、旅游等方面的政策，完善政策的衔接与配套，形成合力，同时充分发挥区、县在推进长城文化

---

① 任英文、高越：《河北：力争成为长城保护利用传承的样本》，《中国旅游报》2020年8月11日第2版。

带建设中的主体责任。文化和旅游产业带建设需要多个部门的协同推进，打破层级壁垒，创新管理体制，将文化价值和经济价值实现有效统一。最后，要重视产业带的提质增效，充分发挥技术的力量，注重产业业态由传统产业业态转向以数字技术、互联网平台为特点的新兴产业业态，打造出先进的、现代化的河北长城文化和旅游产业带，推动区域文化产业集群化发展。

围绕长城建好文化和旅游产业带文章，既符合长城保护的要义，也符合经济社会发展的要求。只有这样，才可以切实保护好长城沿线文化遗产，统筹好长城保护利用与交通、生态、环境保护、城乡建设等各项规划的衔接，推动区域协同发展和乡村振兴。

二、河北长城文化和旅游产业带的综述

（一）长城、长城文化带

河北省的长城学术研究活动从 20 世纪 80 年代开始，1981 年河北省召开长城保护工作会议，1984 年成立了两个长城研究学术团体：中国山海关长城研究会和碣石研究会，1990 年召开首届中国长城学术研讨会，1991 年建立中国第一个以长城为主题的专门博物馆——山海关长城博物馆。河北省组织的关于长城的研讨会和相关活动，深化了人们对长城的认知。

1. 关于长城

人们对长城实体的认识，经历了从线到片，再到面；从单一墙体到以墙为核心的防御体系，再到由各种防御体系构成的防御区域的变化过程。因此，长城的概念涵盖内容多样。从修建者、构成形态、基本功能、分布区域等四个要素出发，长城指我国古代国家政权在我国北部区域修建的，以非封闭性的绵延的墙体（壕堑）为主要形态特征的，由敌台、马面、烽火台、关、堡等相关军事设施与墙体（壕堑）相互配套而形成的，具有御外控内功能的军事工程。① 除了墙体本身外，长城在空间层面还包括关城、城堡系统（墩堡、营城、卫所）、烽燧系统等附属建筑。现阶段，长城早已脱离了原有的军事防御工程性

① 李大伟：《从符号到本相——长城文化遗产的概念演变及认定》，《西北民族大学学报（哲学社会科学版）》2015 年第 2 期。

质，进入文化遗产保护阶段，公众对于长城的认识已经拓展到了长城经济带、长城文化带。

2. 关于长城文化带

首都师范大学历史学院马保春教授对长城文化带内涵进行了探析，梳理了长城、长城地带、长城文化要素与长城文化带的关系，将与长城有关的文化要素称为长城文化要素。他认为，长城地带是靠长城文化要素识别和串并形成的特殊地域单元。长城文化带是用长城文化要素的标尺判断、衡量长城地带而形成的一个文化遗产学概念，具有地理空间和文化内涵两个基本属性。[①] 北京市发布的《北京市长城文化带保护发展规划（2018 年至 2035 年）》，首次界划的北京长城文化带的空间范围，覆盖长城在北京北部分布的 6 个区域。文件将这 6 个区域细分为核心区与辐射区。

长城并非孤立存在，而是与周边自然环境和人文环境紧密联系，这也是长城文化带的内涵所在。就像学者们指出的，长城文化带上，自古以来进行着规模日益扩大的、不可或缺的经济文化交流。[②] 有人类的地方就有文化的存在，因地理、经济、民族、政治和文化的不同，不同地域的长城文化带呈现出不同的特色。长城文化带的构建是一项复杂的系统工程，涉及政府、非政府组织及公众等相关利益主体，过程中需要对遗产进行动态化管理，需要精准评估、分层判别，资源挖掘、景观规划，解说展示、系统设计，公共服务、交通等基础设施建设四个方面有机配合。[③]

为了更好地推进长城文化带建设，2019 年 7 月，国家出台《长城、大运河、长征国家文化公园建设方案》。该方案明确将长城国家文化公园河北段纳入建设范围。长城国家文化公园重点建设管控保护、主题展示、文旅融合、传统利用四类主体功能区；协调推进文物和文化资源保护传承利用，系统推进保护传承、研究发掘、环境配套、文旅融合、数字再现五个重点基础工程建设。

① 马保春：《延展而辐射的纽带 层累且升华的意义——“长城文化带”内涵探析》，《光明日报》2019 年 3 月 11 日第 14 版。

② 李凤山：《长城带经济文化交流述略》，《中央民族大学学报（社会科学版）》1997 年第 4 期。

③ 景俊美：《遗产廊道与北京长城文化带构建》，《前线》2019 年第 10 期。

长城国家文化公园河北段建设涉及战国、秦、汉长城，北魏、北齐、隋、唐、五代、宋、西夏、辽具备长城特征的防御体系，金界壕，明长城等长城要素。

长城国家文化公园应如何建设呢？陕西省文物保护研究院副研究员李大伟认为，长城国家文化公园建设除了适度发展旅游外，还应更加强调和彰显长城的文化价值，使人们认识到长城不仅是军事防御工程，还是文明互通的桥梁和中华民族生活家园的一部分。这是长城国家文化公园建设应该达到的效果。北京第二外国语学院首都文化和旅游发展研究院执行院长厉新建认为，合理利用是对文物最好的保护，建设长城国家文化公园的目的是传承优秀传统文化，增强广大人民群众对中华文化的认同感。中国传媒大学文化发展研究院院长范周推荐了比较典型的国外长城国家公园建设案例，即英国哈德良长城案例。哈德良长城是罗马帝国边界防御体系的一部分，在跨区域的线性特征等方面与我国的长城具有一定共性。① 长城国家文化公园河北段包括秦皇岛段、张家口段、承德段、保定段等建设试点。

3. 长城内涵的演变

在鸦片战争以前，长城主要是作为一种古老、庞大的客观存在和一种沧桑、悲凉的象征物而为人们所认识。鸦片战争之后，中国的文人志士开始通过长城表达忧国忧民、保家卫国的思想。在近代，最早有意识地把长城与中华民族正面地、直接地联系起来的是孙中山。在抗日战争时期，长城的国家象征意义获得民间认同。中华人民共和国成立后，长城的国家象征意义得到官方确定。至此，长城作为凝聚了中华民族自强不息的奋斗精神和众志成城、坚韧不屈的爱国情怀的现实载体，成为中华民族的代表性符号和中华文明的重要象征。②

（二）文化产业和旅游产业融合发展

文化产业与旅游产业分属不同的学科体系，但二者存在共通性，即文化性与经济性，二者融合发展是社会发展的必然。

从生成论的角度进行分析，文化和旅游的融合，实质上是文化和旅游的

① 范周：《长城国家文化公园怎么建》，《光明日报》，2019 年 10 月 9 日第 7 版。

② 王雁：《论长城国家象征意义的形成》，《理论学刊》2020 年第 1 期。

“彼此摄入”。文化和旅游是文化中看旅游，旅游中见文化，不能单纯地将一方归入另一方，要将二者进行有机地融合。① 改革开放40多年来，中国的文化发展、旅游发展经过了从尝试融合、局部融合和浅表层次融合到全面深入融合发展的过程。② 有学者对国内外文化和旅游融合的相关研究进行了文献梳理，发现最近20多年来的文旅融合研究主题可以划分为文化遗产与旅游融合、文化创意与旅游融合、文旅融合的影响、文旅融合的需求、文旅融合的产业化研究等类别。研究焦点在业态上表现为从文化遗产与旅游融合逐渐转向创意文化与旅游融合，研究导向从供给侧逐渐转向供给侧与需求侧并重。③

1. 产业带

梳理相关研究资料可以发现，学者们对文旅产业带鲜有研究，而对于文化产业带和旅游产业带分别有相关研究文章。这其中，文化产业带相较于旅游产业带研究较多，研究也比较成熟。文化产业带、旅游产业带研究实质是将产业带的理念应用到文化和旅游领域。

1927年，美国学者德吉尔最早提出产业带概念。产业带带状结构的研究和建设的理论来源于“点-轴”理论。中国科学院地理科学与资源研究所陆大道院士在德国地理学家瓦尔特·克里斯塔勒的“中心地理论”基础上，于1984年提出“点-轴”空间结构系统理论。该理论认为，在国家和区域发展过程中，大部分社会经济要素在“点”上聚集，并由线状基础设施联系在一起而形成“轴”。“点-轴系统”反映了社会经济空间组织的客观规律，是一种最有效的区域开发模式。④ 因此，文化和旅游发展到一定程度就会朝着产业带的方向聚合发展。

2. 旅游产业带

旅游产业带的建设初衷，是希望能够通过对各“点”的连接和旅游要素的

---

① 刘东梅：《文化和旅游融合的哲学阐释》，《跨文化研究》2019年第1期。

② 把多勋：《改革开放40年：中国文化旅游融合发展的价值与趋势》，《甘肃社会科学》2018年第5期。

③ 徐翠蓉、赵玉宗、高洁：《国内外文旅融合研究进展与启示：一个文献综述》，《旅游学刊》2020年第8期。

④ 陆大道：《关于“点-轴”空间结构系统的形成机理分析》，《地理科学》2002年第1期。

传送扩散，从而实现“面”的形成与发展。梁坤、杜靖川在《中国旅游产业带研究综述》中表示，旅游产业带研究主要集中于旅游产业带的形成、旅游产业带建设的障碍与策略、旅游产业带与旅游产业集群、旅游产业带的空间结构等几个方面；旅游产业带研究的发展经过了两个阶段，即旅游产业带研究的探索阶段（2004—2008 年）、旅游产业带研究的起步阶段（2009 年至今）。① 近几年来，各地抓紧布局旅游产业带的发展，旅游产业带正在向着全域旅游的方向发展。在京津冀协同发展的背景下，河北省发布了《河北省环京津旅游休闲产业带发展规划（2008—2020）》，将旅游产业带的开发作为旅游深度融合发展的主要方向。2017 年，河北省发布的《河北省旅游业“十三五”发展规划》将旅游产业带规模提升为全域旅游。

3. 文化产业带

“十三五”时期是我国文化产业发展的重要拐点期，这一时期带状发展成为我国文化产业发展的新趋势。② 现阶段，文化产业带的发展呈现蓬勃之势，派生出大运河文化产业带、长江文化产业带、刺绣文化产业带、传统体育文化产业带、海洋文化产业带等不同区域、不同特色的文化产业带的开发和研究。在此背景下，长城文化产业带面临很好的发展机遇。

综合以上分析可以看出，产业带是文旅融合之后产业发展的必然趋势，“打破行业和区域的划分，以产业为中心形成聚集态势和链条分工”③，是文化产业和旅游产业发展的总体趋势。长城文旅融合产业带建设的理论基石是“点-轴”理论，长城文旅产业带建设实践中将围绕长城这一轴线，将周边散落的文化资源进行聚集，在保护的基础上进行系统地开发，使文化和旅游深度融合，促进文化的社会认同和经济的发展。

三、研究框架

本书以“点-轴”理论为基础，按照上、下篇总体架构进行谋篇布局。

---

① 梁坤、杜靖川：《中国旅游产业带研究综述》，《世界地理研究》2014 第 2 期。

② 范建华：《带状发展：“十三五”中国文化产业发展新趋势》，《云南师范大学学报（哲学社会科学版）》2015 年第 3 期。

③ 范建华、黄淼：《中国文化产业发展史》，云南人民出版社，2016。

上篇介绍河北省长城文化和旅游产业带总体情况，主要包括河北长城文化和旅游产业带发展理论依据、河北长城文化和旅游产业带发展概况、河北长城文化和旅游产业带发展困境、河北长城文化和旅游产业带发展总体策略四个部分。

下篇介绍重点区域构建各具特色的文旅产业带的情况，主要包括秦皇岛以山海关为中心，打造天下第一关长城文旅产业聚集区；承德以金山岭长城为中心，打造“最美长城”品牌；唐山依托遵化、迁安、迁西等地的长城资源，打造“唐山北部长城文化产业带”；张家口以“长城内外是故乡”为文化纽带，打造“大好河山·长城印象”系列品牌；保定整合利用涞水、涞源、易县等地长城资源，加强长城文化和旅游产业带与美丽乡村建设的深度融合发展。

四、研究方法

1. 文献调研法

通过查阅国家政府网站资料，梳理长城旅游开发相关的政策；通过网站、图书馆等路径，查找、梳理关于长城、长城文化、文旅融合等方面的文献资料，对河北省长城文旅融合的发展现状及发展规律进行初步把握。

2. 现场调研法

利用假期等时间，对河北段长城的重要节点进行实地调研，对河北段长城的开发状态有一个直观的认识，尤其是对具有重要历史意义，但保护传承不到位的地段进行重点关注，做好田野调查记录。走访长城周边资源，了解长城文旅产业带与周边资源等联合开发的可行性，对存在的问题进行归纳。

3. 深度访谈法

结合文献和现场调研的资料，整理发现的问题，对长城研究相关专家、政府相关部门工作人员进行深度访谈，对长城文旅产业带建构策略的可行性进行分析。

4. 地图法或地理比较法

利用地图的直观性，对长城以及长城周边资源分布进行梳理，设计出针对不同地理区域的发展策略，并根据“点-轴”理论分析长城文旅产业在地理空间中进行勾连的可行性。

上篇

总体分析

第一章　河北长城文化和旅游产业带发展理论依据

我国旅游行业与旅游产业的发展规划，大多以行政区划为发展范围，从市（区、县）一级到省级进行发展规划，着眼于各行政区划范围内的自身利益。对于跨行政区划的旅游资源，往往存在各行政区划的各自开发问题，行政区划间各主体缺乏联动，存在重复开发或开发不到位等情况，导致资源的大量浪费。为了旅游业健康发展，应围绕旅游资源进行各区划间的联动发展、协同发展。“点-轴系统”理论为文化和旅游产业带的合理开发、优化发展提供了一条科学的道路。本章我们将“点-轴系统”理论、文旅融合、符号与旅游、文旅产业带等四个方面的理论进行梳理，以作为全书的理论基础。

一、“点-轴系统”理论

20 世纪 80 年代，我国处于改革开放初期阶段，关于国土开发战略与开发重点存在诸多争论，形成了百家争鸣的局面。在这一背景下，1984 年 9 月，陆大道院士在《2000 年我国工业生产力布局总图的科学基础》的报告中提出了基于我国生产力分布、区域发展与国土开发现状的“点-轴系统”理论模型。当时陆院士并没有对理论模型的科学基础及模式形成的机制进行深入阐述，后来在专著及若干论文中，阐述了“点-轴”空间结构的形成过程、“发展轴”的结构与类型、“点-轴”渐进式扩散、“点-轴-聚集区”等理论，分析了社会经济不同发展阶段空间结构的基本特征和空间可达性、位置级差地租对区域发展的影响。①

（一）“点-轴系统”理论的基础

1. 中心地理论

20世纪三四十年代，随着西方进入城市化加速发展时期，西方人口与西方第二、第三产业大量向城市聚集，德国城市地理学家瓦尔特·克里斯塔勒与德国经济学家奥古斯特·廖什由此提出了中心地理论，该理论成为城市化发展研究的基础理论之一。

中心地理论提出了一种理想型的经济社会空间分布结构——六边形结构，六边形的中心点即中心地，中心地往往是六边形范围内经济水平最高、商业往来最密集、交通通信条件最便利的地方。产业往往向中心地进行集中，六边形的边缘就是中心地所能辐射的最大范围。中心地理论还提出了中心地的等级性划分标准。中心地理论指出，在高等级的中心地辐射范围中，还会存在大量的低等级中心地。与高等级中心地相比，低等级中心地数量更多，但辐射范围小，提供的产品与服务水平低。中心地理论作为“点-轴系统”理论的基础，阐述了社会发展过程中空间结构所经历的聚集与扩散的过程，揭示了城市与居民点形成的等级-规模法则，在理论的思维模式与推导方法上为“点-轴系统”理论提供了基本逻辑。②

2. 增长极理论

增长极的概念是“点-轴系统”理论“点”的思想的源泉，最早是由法国著名经济学家佩鲁提出。③ 佩鲁认为，“经济增长并不是同时在所有地方出现，它首先出现在增长点或增长极上，然后通过不同的渠道向外扩散，并对整个经济产生终极影响”④。

3. 生长轴理论

沃纳·松巴特倡导的生长轴理论是“点-轴系统”理论中“轴”论的理论

---

① 陆大道：《关于“点-轴”空间结构系统的形成机理分析》，《地理科学》2002年第1期。

② 陆大道：《关于“点-轴”空间结构系统的形成机理分析》，《地理科学》2002年第1期。

③ 吴传清、孙智君、许军：《点轴系统理论及其拓展与应用：一个文献述评》，《贵州财经学院学报》2007年第2期。

④ 弗朗索瓦·佩鲁：《增长极概念》，《经济学译丛》1988年第9期。

渊源。[①] 生长轴理论认为，随着重要交通经济带的建立，连接各主要中心城市的交通干线周围将形成有利的区位，聚集经济将发挥作用，生产成本随之下降。生长轴实质是人口、产业密集带。[②]

（二）“点-轴系统”理论的提出及要点[③]

陆大道在《关于“点-轴”空间结构系统的形成机理分析》中指出，“点-轴系统”理论是根据我国国土资源发展现状与社会经济情况得出的理论，打破了“中心地理论”对城市的单一关注，考虑到区域内各客体间的协同作用因素，是关于社会经济空间结构的理论之一。

“点-轴”理论基本要点是：“社会经济客体在区域或空间的范畴总是处于相互作用之中。这也类似于物体空间相互作用的基本原理，即存在空间聚集和空间扩散的两种倾向。”其中，“点”是各区域发展的中心节点，是各等级的居民聚集区域或中心城市；“轴”是连接各个点的线，可能是交通线或通信网络线，也可能是与能源、水源通道连接起来的“基础设施束”。“轴”对沿线具有极强的资源吸引能力，有助区域内形成产业聚集带；当吸引能力达到一定程度之后，再发挥扩散作用，向周边区域扩散过剩的资源与生产力，带动周边区域经济社会发展，进一步推动生产力发展。

陆大道院士指出，“点-轴”空间结构系统发展与社会发展阶段、经济发展水平相一致，大致有四个发展阶段：第一阶段是“点-轴”形成前的均衡阶段，点与点之间缺少联系，空间结构处于无组织、无关联状态，生产效率低下；第二阶段，经济客体开始聚集，点、轴同时开始形成，产生了一定程度上可以进行人员往来与物质、资源沟通的渠道，并形成了一批生产力较为发达的中心“点”；第三阶段，主要的“点-轴系统”框架形成；第四阶段，“点-轴”空间系统形成，区域进入全面有组织状态，空间结构重新均衡。同时“点-轴”理论认为，区域内发展渐进式扩散导致“点-轴系统”的形成，随着经济开发进

---

① 周茂权：《点轴开发理论的渊源与发展》，《经济地理》1992 年第 2 期。

② 吴传清、孙智君、许军：《点轴系统理论及其拓展与应用：一个文献述评》，《贵州财经学院学报》2007 年第 2 期。

③ 陆大道：《关于“点-轴”空间结构系统的形成机理分析》，《地理科学》2002 年第 1 期。

程的延伸，整个国家和地区都逐渐不断发展“轴”和“点”，“点”和“轴”的等级差异变小。从“点”到“线”再到“面”，实现区域的不平衡到相对平衡发展。

“点-轴系统”理论认为，区域发展经历从低水平的均衡到不均衡，再到重新均衡的渐进式扩散的过程，反映了社会经济空间组织的客观规律，因此“点-轴系统”是指导区域开发的有效模式。

（三）“点-轴系统”的进一步发展

20世纪90年代我国学者提出了区域发展的网络开发模式。它是在“点-轴系统”理论基础上，区域发展到一定阶段后形成的开发模式。这一阶段，过分聚集已不再利于区域的发展，从而需要先进的交通与通信渠道方便向周边区域进行产业扩散或与其他区域进行广泛沟通，区域集中的经济转变为分散式的经济，高度发达的交通、通信网形成网络。

这一模式与“点-轴系统”是一脉相承的。“点-轴系统”理论指出，在“点-轴”空间结构发展初期，会形成产业聚集的中心点，而在中心点发展到一定程度，即产业聚集对区域发展不再有促进作用的时候，产业扩散便会成为区域发展的主流，产业向欠发达地区扩散。在这样的空间结构发展规律作用下，当一级中心发展达一定程度后，便开始形成新的二级、三级中心，最终在区域内形成多级中心、多轴联系的网络结构。①

（四）“点-轴系统”理论近年来的研究现状

2002年以来，我国关于“点-轴系统”理论的研究主要集中于理论归纳、理论发展与理论应用三个方面。以武汉大学吴传清教授为代表的一批学者对“点-轴系统”理论的产生背景、理论渊源、内容分析、作用过程与实践应用进行了综合详尽的归纳；还有一部分研究以背景资料或文献综述的方式涉及“点-轴系统”理论，将“点-轴系统”理论进行细化，有利于其普及。一部分学者将“点-轴系统”理论与其他科学研究项目相结合，在融合中对该理论进行发展；或通过自身研究，对“点-轴系统”理论进行完善与修正，使其在不

① 陆大道：《关于“点-轴”空间结构系统的形成机理分析》，《地理科学》2002年第1期。

断发展变化的实际中，能够更新应用于当下实践。还有一批学者与研究人员以“点-轴系统”理论作为指导，进行实践研究。这类实践研究主要集中于区域经济学与旅游管理两方面，并越来越呈现出跨学科研究趋势。

从研究主题来看，学界对“点-轴系统”理论的研究存在由宏观向微观的转变。在2007年以前，研究的主题词集中在“空间结构”“产业结构”“区域发展”等宏观的角度。自2008年起，关于“点-轴系统”理论研究的高频主题词中出现了“旅游资源”“旅游开发”等词，部分研究聚焦于旅游业，并出现了“丝绸之路经济带”“生态旅游”“乡村旅游”等具体研究对象，研究更具有针对性与实践性。

（五）“点-轴系统”理论与旅游业

1.“点-轴系统”理论对旅游业的指导意义

石培基教授将“点-轴系统”理论在旅游学中的价值归纳为：通过建立旅游节点，节点城市对区域旅游的发展可以起辐射带动作用；旅游轴线的建立，可提高区域旅游的辐射影响范围，优化区域旅游的发展状况。① 宋亮凯据此提出旅游业发展需要界定重要旅游节点与旅游轴线的观点。旅游节点是旅游产业发展建设与旅游资源空间结构布局的中心，对周围区域及旅游轴线具有强大的吸引聚集与扩散带动作用。②“点-轴系统”理论作为一种关于经济社会空间结构科学规律的理论，对旅游行业发展提供了强有力的理论支撑和影响，其作用归纳起来有以下几点：

第一，有利于旅游资源合理配置。“点-轴系统”理论指出了空间发展需要进行聚集的客观规律，但聚集不是大杂烩，而是各客体间的有机作用。这要求旅游业在进行聚集，即某一点的重点发展之时，要进行合理的资源配置，各类基础设施与旅游业配套设施及旅游活动方式要做到有机结合，最大限度发挥区域资源聚集作用。

---

① 石培基、李国柱：《“点-轴系统”理论在我国西北地区旅游开发中的运用》，《地理与地理信息科学》2003年第5期。

② 宋亮凯、李悦铮、徐凯：《基于点-轴理论的环渤海地区旅游空间结构研究》，《世界地理研究》2016年第3期。

第二，使旅游业重视旅游“点”的带动作用。旅游业发展依赖点即中心点的带动作用，在某一区域范围内，中心点是这一区域的领导者，一般具有区域内知名度较高或独具特色的旅游资源，以及丰富的人力、物力、财力资源。旅游业发展要与中心点相连接，围绕中心点进行建设。

第三，使旅游业注重旅游“轴”的建设。轴既能起到点与点之间的有效连接沟通作用，又能为点提供充分的交通、能源等服务保障。旅游业发展既要避免点与轴的重复建设导致资源浪费，又要避免二者在时间、空间上的脱节。

第四，有利于旅游开发重点节点之间的沟通交流。“点-轴系统”理论指导区域旅游业根据地理位置、历史文化、建设方式等因素，实现各重点节点之间的有机交流、优势互补，使各节点进行旅游业的专业化协作，点与点之间相互带动，形成有机的旅游网。

第五，有利于区域内旅游发展形成统一的目标与规划。区域内旅游业发展的重点与轴线的确定，可打破行政区划间的旅游业发展限制，使区域内旅游发展形成统一的目标与规划，更好地进行旅游资源开发建设与提高旅游业组织管理水平。

2.“点-轴系统”理论在旅游业中的实践应用

在旅游业具体实践中，“点-轴系统”理论应用主要体现在以下方面：

首先，确定旅游资源空间开发等级。“点-轴系统”理论对区域空间进行了等级划分，不同等级的区域空间大小不同、资源不同、发展水平与潜力不同、所能实现的功能也不同。由于旅游资源所在地的地理区位、资源吸附以及开发水平上存在差异，因此在根据“点-轴系统”理论对旅游资源进行开发的时候，首先要明确旅游资源的开发等级，明确旅游资源所覆盖的空间范围。

其次，明确旅游资源开发类型。“点-轴系统”理论强调区域内各经济客体的联动协同发展，以及根据不同点的特色，搭配不同的基础设施与产业轴线。从旅游资源的类型角度来看，有风景名胜、文化古迹等的游览观赏类旅游资源，有科技、文学、知识普及类的旅游资源，有民风民俗、宗教民族类的体验式旅游资源与疗养康复类旅游资源，还有综合以上功能的综合型旅游资源。在对旅游资源进行开发时，要明确开发目标与方向，有选择、有计划地进行开发点产业聚集与基础设施轴线建设。

最后，明确旅游资源所在的地理区位与大环境。我国已经形成多个大范围经济圈与经济带，旅游资源开发要积极融入所在一级“点-轴系统”中去，积极利用高等级的“点-轴系统”的辐射带动作用与系统中的资源进行发展。

二、“文旅融合”的相关探索

2008年金融危机之后，旅游业被国务院定位为“国民经济的战略性支柱产业和人民群众更加满意的现代服务业”，由当时的国家旅游局主导，旅游部门开始与农业、林业、国土、文化、水利、体育等部门开展合作，旅游业的综合产业特征和带动作用日益显现。2018年，中华人民共和国文化和旅游部成立，由此“文旅融合”从过去多年来的学理性探索开始迈入实践性操作阶段。①

（一）文旅融合的学理性探索

“旅游文化”的概念最早在1977年由美国学者罗伯特·麦金托什和夏希肯特·格波特在《旅游学：要素·实践·基本原理》一书中提出。国内目前对于文旅融合的研究可以归纳为以下几方面：

一是文旅融合的基本内涵的探讨。对于文旅融合的必然性、意义等进行论证，提出文旅产业融合的相关特征，如综合性特征、承载性特征、延展性特征、民族性特征等。② 研究认为，文化是旅游产业竞争力的核心要素，旅游是文化产业化发展的重要载体，互生共融的关系决定了二者融合是产业发展的必然趋势。旅游产业和文化产业的融合过程可分为五个过程，分别为技术融合、产品融合、业务和组织融合、产品和市场融合、带动关联产业形成产业集。③

二是宏观的路径与模式探讨。有从文化和产业本身属性出发的，认为发展

---

① 崔凤军、陈旭峰：《机构改革背景下的文旅融合何以可能——基于五个维度的理论与现实分析》，《浙江学刊》2020年第1期。

② 周沫：《关于旅游产业与文化产业融合发展的思考》，《现代营销（下旬刊）》2020年第7期。

③ 钟晟：《基于文化意象的旅游产业与文化产业融合发展研究——以武当山为例》，博士学位论文，武汉大学工商管理系，2015。

文化产业有两条路径：一是文化产业化，二是产业文化化。① 有将文旅开发纳入国家战略考虑的，认为文化旅游产业作为一种新兴产业，应全面融入国家战略体系，成为国民经济战略性支柱产业。② 有学者认为，“十四五”时期文化和旅游融合体制机制改革，要借助国家“一带一路”“乡村振兴”等重大倡议和发展平台，顺势而为；要按照国家行政管理体制改革方向，主动作为，推动一些重大改革举措在文化和旅游领域率先突破；要积极对接财税、国土、发改委等相关部门改革举措，为文化和旅游发展争取更大空间。此外，要坚持统筹协调，坚持重点突破，坚持增量改革和基层创新。③ 有学者提出，践行文旅融合的三个层次路径：第一层次，建构集体记忆与身份认同，增强文化的旅游吸引力。第二层次，加强集体记忆的可参观性生产，增强文化的展示性和可参观性。第三层次，面向游客的文化展示产业化，延长文化旅游体验的产业价值链。④ 对于模式的研究，有学者梳理了国外文旅融合发展的模式，主要有文化遗产旅游、主题公园旅游、乡村文化旅游、影视文化旅游、节事会展旅游和体育文化旅游 6 种特色鲜明且较为成熟的发展模式，以期对国内文旅融合带来启发。⑤ 也有从文化意象入手，提出文旅融合发展的技术路径（见图 1）。

---

① 邱代伦：《做中国最好的园区运营商》，向勇主编《面向 2020，中国文化产业新十年》，金城出版社，2011，第 178 页。

② 刘月田、丁卓霖、宋绍智：《文化旅游产业融合发展的思考与建议》，《中国发展观察》2019 年第 24 期。

③ 曾博伟、安爽：《“十四五”时期文化和旅游融合体制机制改革的思考》，《旅游学刊》2020 年第 6 期。

④ 张朝枝、朱敏敏：《文化和旅游融合：多层次关系内涵、挑战与践行路径》，《旅游学刊》2020 年第 3 期。

⑤ 邵明华、张兆友：《国外文旅融合发展模式与借鉴价值研究》，《福建论坛（人文社会科学版）》2020 年第 8 期。

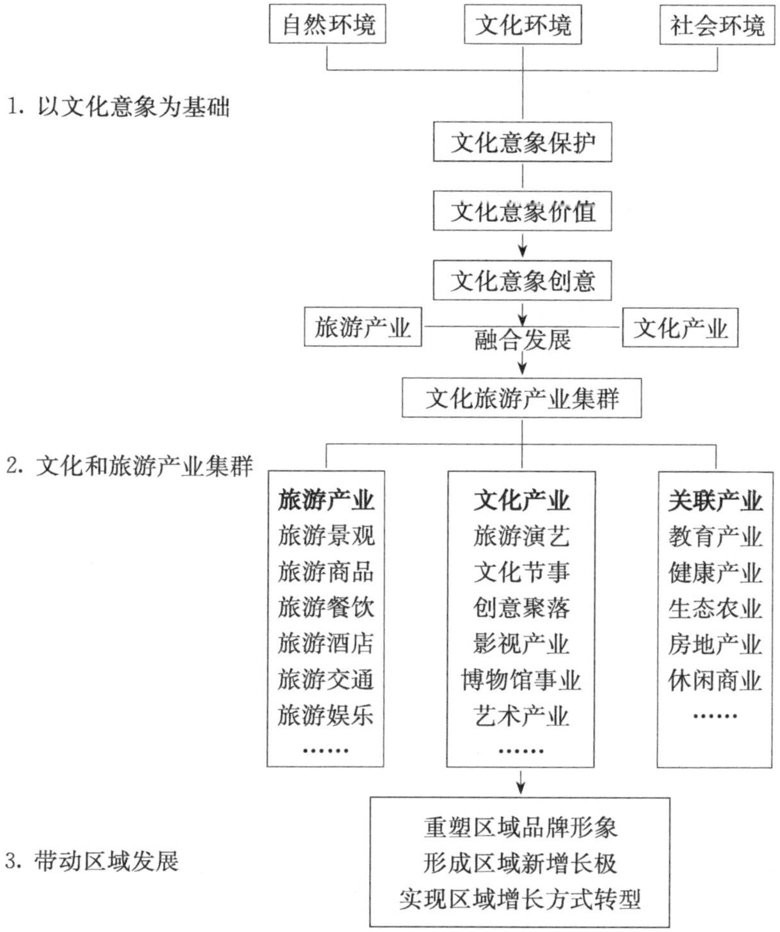

图 1　旅游产业与文化产业融合发展技术路径①

三是结合具体地域进行文旅融合的分析。相关研究成果有《长三角城市文化资源与旅游产业耦合协调及补偿机制》《民族地区文化和旅游融合发展影响要素的系统建构——基于 71 个民族县域文旅融合发展要素调查问卷的分析》《文化旅游资源市场价值及其空间分布特征——以湖南湘西州为例》《新时代文

① 钟晟：《基于文化意象的旅游产业与文化产业融合发展研究——以武当山为例》，博士学位论文，武汉大学工商管理系，2015。

化和旅游融合的内涵建构与模式创新——以甘肃河西走廊为中心的考察》。对于具体区域的研究，整体而言，南部、西部的区域性研究比较多，中部、北部的研究相对较少。

（二）“文旅融合”发展规划的政策推进

1993 年，原国家旅游局颁布《关于积极发展国内旅游业的意见》（国办发〔1993〕75 号），将旅游业发展对文化发展的意义做了表述，这是第一次由国家级政府文件提及旅游业发展对推动文化事业发展与满足人民文化需求的重要意义。

新世纪以来，国务院在《关于进一步加快旅游业发展的通知》（2001）、《关于加快发展旅游业的意见》（2009）、《关于推进文化创意和设计服务与相关产业融合发展的若干意见》（2014）等文件中，对旅游业发展对社会主义精神文明建设的意义、大力推进旅游业与文化等相关产业和行业相融合、文化旅游开发和旅游文化建设等内容做出了详细指导与规划。

2009 年，原文化部与国家旅游局颁布《关于促进文化与旅游结合发展的指导意见》，明确提出“文化是旅游的灵魂，旅游是文化的重要载体”，对文化与旅游的关系做出了明确表述。

2011 年 10 月，党的第十七届中央委员会在《中共中央关于深化文化体制改革推动社会主义文化大发展大繁荣若干重大问题的决定》中提出，要“推动文化产业与旅游、体育等产业融合发展”，“积极发展文化旅游，促进非物质文化遗产保护传承与旅游相结合”。

2016 年 12 月，国务院颁布《“十三五”旅游业发展规划》，文件发布后，我国对文旅融合发展的规划与布局进入了高速发展阶段。2017 年 5 月，中共中央办公厅、国务院办公厅颁布《国家“十三五”时期文化发展改革规划纲要》，提出“发展文化旅游，扩大休闲娱乐消费”。2018 年 3 月，国务院办公厅颁布《国务院办公厅关于促进全域旅游发展的指导意见》，强调旅游与文化的融合发展，将丰富文化内涵作为提升旅游产品品质的重要内容。2018 年 10 月，中共中央办公厅、国务院办公厅颁布《关于加强文物保护利用改革的若干意见》，提出要促进文物保护和旅游发展之间的互动关系。2018 年 12 月，文化和旅游部颁布《国家级文化生态保护区管理办法》，提出文旅融合发展在推动文化生态保护、非遗资源保护方面的重要作用和措施。2019 年 8 月，国务院办公厅印发《关于进一步激发文化和旅游消费潜力的意见》，提出促进产业融合发展、建设国家文化产业和旅游产业融合发展示范区的指导意见。2021 年发布的《“十四五”文化和旅游发展规划》等进一步助推文旅融合产业发展。2022 年 12 月，文化和旅游部、自然资源部、住房和城乡建设部发布《关于开展国家文化产业和旅游产业融合发展示范区建设工作的通知》。文件表示，根据《国家文化产业和旅游产业融合发展示范区建设指南》，“十四五”期间，规划建设 30 个左右文化禀赋和旅游资源丰富、产业链深度融合和协同互补、发展机制健全的国家文化产业和旅游产业融合发展示范区。

在市场发展与政府政策的双重推动下，旅游与文化的互动推进逐步提升，两者发展的耦合性日渐增强。

三、符号与旅游

索绪尔指出，符号是能指和所指的结合体，“能指”指语言的声音形象，“所指”指语言所反映的事物的概念。在此基础上，罗兰·巴特明确了符号意义的建构过程，认为符号系统由两个相互交错组合的子系统组成：第一个子系统由“语言——客体”的语言学体系组成，包括符号的能指和所指。第二个子系统以第一个系统中的能指与所指的结合构成其能指，再与自己的所指构成新的符号系统，也称为二级符号系统。① 符号主要通过意指表达意义，意指分为直接意指和含蓄意指，含蓄意指表示符号的隐含意义。这也就指向了修辞学中的隐喻：隐喻指两个符号的含蓄意指的所指之间存在着相似性。②

20 世纪 70 年代，符号学思想被引入旅游研究领域。1976 年，旅游人类学家兼社会学家麦坎内尔在《旅游者：休闲阶层新论》一书中率先提出旅游的符

① 孟庆艳：《文化符号与人的创造本性——早期符号理论比较研究》，博士学位论文，吉林大学哲学社会学院，2006。

② 隋岩：《含蓄意指与隐喻的等值对应——符号传播意义的深层机制之一》，《新闻大学》2010 年第 1 期。

号意义，从全新的角度系统地提出了旅游吸引物的结构差异、社会功能、舞台化的本真性、文化标志以及旅游吸引物系统中的象征符号等观点。1981 年，库勒在《旅游符号学》一文中，把旅游者比喻为“符号军队”，认为旅游者在体验过程中既制造标志和景观之间的联系（一种建构意义的行为），也在找寻标志和景观之间的联系（一种对意义的解读行为）。①

作为旅游符号学研究的代表人物之一的格雷本认为，旅游现象是社会语义的一部分，它塑造并影响着人类生活的其他方面。在对文化表现形式的分析方面，他倡导用符号学以及符号人类学的方法对符号、标志、象征、民间传说、神话、规则、诗词文记、图示石像、广告宣传、私人摄影和明信片、商业化旅游纪念品、游记与历史记录等“文化文本”进行“解构分析”，以期揭示文化文本意义结构、文化结构及其变化的过程和规律。②

“旅游者看到的事物都由符号组成。它们都表示着其他事物。在旅游者的目光的凝视之下，一切景观都被赋予了符号的意义，一切景观都变成了文化景观。”③ 有学者指出，旅游的过程是一种符号化的过程。④ 长城作为世界遗产资源，积淀和凝练相应的景观符号，做好现代“通感”旅游体验（包括视、听、嗅、触等多个方面），是后现代旅游体验研究的重点。科恩更是具体地把现代旅游的通感认识细化为“视、听、嗅、触”等多个方面。在求真求乐等旅游动机驱使下的后现代旅游中，“通感器官”的使用以及全方位地感受旅游经历和旅游环境，成为现代旅游经历研究的重点。⑤

邓小艳、刘英认为，世界文化遗产旅游地的打造就是一个系统的符号化运作过程，他们还构建了世界文化遗产旅游地的符号化运作模式。从运作步骤来

---

① 谢彦君、彭丹：《旅游、旅游体验和符号——对相关研究的一个评述》，《旅游科学》2005 年第 4 期。

② 肖洪根：《对旅游社会学理论体系研究的认识——兼评国外旅游社会学研究动态（下）》，《旅游学刊》2002 年第 1 期。

③ Urry John, *The Tourist Gaze: Leisure and Travel in Contemporary Societies* (London: Sage, 1990), p. 129.

④ 杨振之、邹积艺：《旅游的“符号化”与符号化旅游——对旅游及旅游开发的符号学审视》，《旅游学刊》2006 年第 5 期。

⑤ 肖洪根：《对旅游社会学理论体系研究的认识——兼评国外旅游社会学研究动态（上）》，《旅游学刊》2001 年第 6 期。

看，整个过程是一个层层递进的过程，即调查了解遗产旅游者的符号需求→挖掘遗产旅游地的符号价值→耦合旅游者和旅游地的符号价值→选择合适载体展示符号价值→选择合适媒介传播符号价值→实现旅游者与旅游地的符号互动。①

四、文旅产业带

产业带是一定地理区域，依托地理界线、交通线或资源线，以区域中某一个或某些发展较快地区为增长极，发挥对周边区域进行聚集与扩散作用，推动区域整体发展的带状空间地域综合体。

20 世纪，西方学者提出了“制造业带”“城市系统走廊”“生长轴”等相关理论，对工业中心间的相互联系、交通线对人口和产业的吸附作用、产业聚集等现象做出了归纳与预见。我国学者费洪平、郭振淮、申金升、朱华友和丁四保等从不同角度进行了相关研究，并根据不同的研究侧重点提出产业带、产业聚集带、经济带、交通经济带等概念。

我国产业带建设是“点-轴系统”理论在实践中的体现。我国产业带主要由中心城市、交通干线或运输干线、沿线产业三个主要部分构成。我国以交通干线及河流、海岸线为基础，形成了以京广线产业带、沿海产业带、沿长江产业带、沿黄河产业带等为代表的，纵横交错的网状产业带结构。我国产业带主要呈现以下特点：依交通干线或运输线形成，单一产业带呈现带状结构，多条产业带形成网状结构；依据区域特色发展不同产业，产业带构成复杂；产业带内部发展速度明显高于外部；产业带呈现规模化发展；发展指标与程度由中心向外部呈梯度缩减；产业带发展开放性强，对周边地区辐射带动作用明显。

费曼对产业带的研究表示，产业带中心与边缘空间不平衡程度更多地与国家经济、社会和政治的发展水平相关。费曼将产业带空间组织发展划分为四个主要阶段：低水平均衡阶段、极核发展阶段、扩散阶段和高水平均衡阶段。我

① 邓小艳、刘英：《符号化运作：世界文化遗产旅游地创新发展的路径选择》，《经济地理》2012 年第 9 期。

国产业带大多处于极核发展阶段，部分开始向扩散阶段转型。① 随着数字经济的发展，数字化产业带成为产业集群经济发展的重要趋势。② 目前，我国已有72个城市既拥有国家级产业集群，也拥有线上产业带。③

总体来看，与发达国家相比，我国产业带发展存在明显不足。传统产业产业带存在技术落后问题，产业结构有待调整升级；受传统消费观念与投资观念影响，我国国内消费对高新技术发展推动力不足，影响了科技与区域经济相结合的高新产业带发展；人口增长增加基础设施建设压力，增加产业带建设阻力；产业带建设面临严峻生态环境治理问题，生态环境脆弱制约产业带发展；产业带内各中心城市发展不协调，产业联系较弱。河北长城文化和旅游产业带的建设面临同样的问题。

文旅产业带发展过程中，在符号基础上的文化意象的挖掘是基础，以此形成的产业集群只有实现与消费市场的接轨和互动，才能最终实现产业带的良性发展。杨英法认为，构建文化产业集群与文化消费市场之间的良性互动机制的前提是，推进文化产业集群的形成、文化消费市场的发育。④ 通过长城文旅产业带的形成、长城文旅消费市场的培育，形成具有辨识度的“名片”，以及通过“点-轴”的发展路径创新升级支撑产业，带动区域发展，乃至对全国产生影响，是本书对文旅产业带发展研究期望达到的目标。

---

① 张从果、刘贤腾：《产业带内涵界定与发展演化探讨》，《特区经济》2008年第3期。

② 班娟娟、郭倩、王文博：《阿里研究院数字分析中心主任安琳：数字化产业带是增强产业韧性与活力的重要支撑》，《经济参考报》2022年9月8日第A07版。

③ 赵作权、戴宜畅、范秋辞、马淑燕：《中国国家级产业集群数字化程度估计：基于与线上产业带的匹配分析》，《中国科学院院刊》2022年第12期。

④ 杨英法：《文化产业集群与文化消费市场间良性互动机制的构建》，《云南社会科学》2013年第2期。

第二章　河北长城文化和旅游产业带发展概况

长城是古建筑与古遗址两种遗存形态并存、以古遗址遗存形态为主的文化遗产，是人类历史上宏伟壮丽的建筑奇迹，具有突出的文化景观特征，蕴藏着丰厚的文化、历史、建筑、艺术、军事等内涵。河北是我国长城资源最为丰富的省份之一，也是长城保存最为完整、最具代表性的区段。在国家发展战略支持下，河北省长城文化和旅游产业带正处于由点向面的开发阶段。

一、河北长城资源分布及特点

河北省境内的长城可供开发的自然资源和相关历史文化遗产极其丰富，构成了河北长城深厚的文化底蕴和独具特色的历史、文物、旅游价值。长城资源既包括本体所形成的景观，也包括建立在本体之上的文化符号价值。

根据《长城保护总体规划》中的界定，长城文物本体包括长城墙体、壕堑/界壕、单体建筑、关堡、相关设施等各类遗存。具体来说：长城墙体主要包括墙体设施、墙体和墙基，其中墙体设施包括垛口、礌石孔、瞭望孔、射孔、女墙和排水设施等，含土墙（夯筑、堆土、红柳加沙、芦苇加沙、梭梭木加沙、土坯或土块垒砌等）、石墙（毛石干垒、土石混筑、砌筑等）、砖墙（包土、包石、砖石混砌等），以及木障墙、山险墙、山险、水险和其他墙体等遗存。壕堑/界壕包括沟堑、挡墙等。单体建筑包括城楼、敌台、马面、水关（门）、铺房、烽火台（也称烽燧、墩台、烽堠、烟墩、狼烟台、狼烟墩）等。关堡包括关、堡（也称城障、障城、镇城、障塞、城堡、寨、戍堡、边堡、军堡、屯堡、民堡）等。相关设施包括挡马墙、品字窖和壕沟等。

（一）河北长城本体资源的分布

河北是长城资源大省。根据相关统计可知，河北段长城总长度为2 498.54公里。其中，明长城墙体总长1 338.63公里，共1153段，单体建筑5388座，关堡302座，相关遗存156处；早期长城墙体总长1 159.91公里，共290段，单体建筑915座，关堡70座，相关遗存26处。[①] 河北段长城分布于河北省北部、中部、西部和南部，“东起渤海之滨，顺燕山而西，横跨冀北山地、坝上草原，又向南纵贯太行山脊”[②]，涉及河北境内秦皇岛、唐山、承德、张家口、保定、廊坊、石家庄、邢台、邯郸等9个设区市以及雄安新区共59个县（市、区）。也就是说，除了沧州、衡水外，几乎遍布河北省全部设区市。长城资源认定总量位居全国第二位，涵盖了燕山、太行山、坝上高原、华北平原等多个区域。

战国时期，我国北方的燕、赵、秦三国因边于林胡、楼烦和东胡，为了防止游牧民族的侵扰，都修筑了规模宏大的长城。燕长城分为南、北两道，即燕南长城和燕北长城。燕北长城在河北属上谷（今怀来大古城）、渔阳（今密云西南）、右北平（今宁城黑城）三郡之外，即今河北北部的围场、丰宁、沽源的坝头一线，长城走向明确。

根据2012年国家文物局发布的《关于河北省长城认定的批复》[③]，可确定河北境内的长城资源具体分布如下[④]：

战国燕北长城分布于沽源县、赤城县。

---

① 《对政协河北省第十二届委员会第三次会议第602号提案的答复》，http：//whly. hebei. gov. cn/Home/ArticleDetail? id=14459，访问日期：2023年1月5日。

② 李建丽、李文龙：《河北长城概况》，《文物春秋》2006年第5期。

③ 《关于河北省长城认定的批复》，http://www. ncha. gov. cn/art/2012/6/18/art_2237_23500. html，访问日期：2023年1月5日。

④ 此处引用2012年资料。2015年，根据《国务院关于同意河北省调整保定市部分行政区划的批复》（国函〔2015〕73号），撤销保定市徐水县，设立保定市徐水区。2015年，根据《国务院关于同意河北省调整秦皇岛市部分行政区划的批复》（国函〔2015〕121号），撤销秦皇岛市抚宁县，设立秦皇岛市抚宁区。2016年，根据《国务院关于同意河北省调整张家口市部分行政区划的批复》（国函〔2016〕5号），撤销张家口市宣化区和宣化县，设立新的张家口市宣化区，以原宣化区和宣化县的行政区域（不含沙岭子镇、大仓盖镇、姚家房镇、东望山乡）为新的宣化区行政区域；撤销万全县、崇礼县，设立万全区、崇礼区。2020年，根据《国务院关于同意河北省调整邢台市部分行政区划的批复》（国函〔2020〕78号），撤销邢台县。

战国燕南长城分布于易县、徐水县、容城县、安新县、雄县、大城县、文安县。

战国赵长城分布于涉县、磁县。

围场满族蒙古族自治县、丰宁满族自治县、怀安县、涞源县、唐县、顺平县、曲阳县也分布有战国长城。

汉长城东起平泉县，经承德县、承德市双桥区、鹰手营子矿区、兴隆县、双滦县、隆化县、围场满族蒙古族自治县、滦平县、丰宁满族自治县、沽源县、赤城县、崇礼县，西至张北县。

北魏长城分布于万全县。

北齐长城东起秦皇岛市山海关区，经抚宁县、青龙满族自治县、迁安市、承德县、赤城县、崇礼县，西至蔚县。

唐长城分布于赤城县。

金界壕东起丰宁满族自治县，经沽源县，西至康保县。

明长城东起秦皇岛市山海关区，经抚宁县、青龙满族自治县、卢龙县、迁安市、迁西县、遵化市、宽城满族自治县、兴隆县、滦平县、唐县、涞水县、易县、涞源县、阜平县、赤城县、沽源县、崇礼县、怀来县、涿鹿县、宣化县、万全县，张家口市宣化区、桥东区、桥西区、下花园区，蔚县、阳原县、怀安县、尚义县、灵寿县、平山县、鹿泉市、井陉县、赞皇县、内丘县、邢台县、沙河市、武安市，西至涉县。

暂不能确定时代的长城分布于赤城县、宣化县、张北县。

（二）河北长城资源的特点

1. 汇集历代长城

河北省是目前我国留存长城最多的省份之一。河北境内长城始建于战国时期，长城资源分布范围广、年代跨度大，可谓历代长城的汇集地。① 由于所处的地理位置特殊，自战国开始，长城便在河北大地上开始修建。古有赵国、燕国和中山国，河北围场、临漳、磁县等地发现三国长城遗址。秦始皇统一中国

① 丁疆辉、吴建民、尹晓颖：《河北长城文化资源特色与旅游开发》，《河北师范大学学报》2003年第4期。

后，把原来的燕、赵、秦长城连接起来。在承德的丰宁、围场，张家口的张北县，都发现有秦长城的踪迹。明代修建长城的次数最多，修建时间最长，历经200多年。据调查统计，河北境内的明长城有内、外两条。外长城东起山海关，西至西洋河，连绵延亘，横跨燕山山脉、冀北山地和坝上草原，经今秦皇岛、唐山、承德、北京、天津、张家口等市，与山西长城连接。内长城纵贯冀西山地，经今北京、张家口、保定、石家庄、邢台至邯郸，形成京师西部和南部的坚固屏障。

2. 拥有最美的长城

我国保存状况最佳的长城地段多在燕赵大地，河北长城建筑形制多样，是中国长城保存最完整、最具代表性的区段之一。① 在《长城把最美一段留给了河北》一文中，几乎跑遍河北长城的摄影师杨越峦说："在我的心目中，河北有全国最好的长城。我们目前所看到的长城，大部分是明代长城。明代长城的精华是蓟州镇（又称蓟镇）、昌平镇和真保镇长城。为什么说它们是精华呢？一是保存现状比较好，二是设计、建筑非常精美，三是与自然环境的融合是独一无二的。这些长城主要都在河北，而其中精华之中的精华，又在蓟州镇。"蓟镇长城是明代举全国之力修建的。中国长城学会副会长董耀会认为："明长城是中国规模最大、最坚固、最雄伟的长城，而蓟镇段长城又是万里长城中最坚固、最完善的一段。"② 河北段长城由于能够从视觉上充分展现长城美学而得到摄影师的偏爱，河北长城摄影作品多次获中国摄影最高奖——金像奖。有关的长城资源调查也给出了同样的结论：明长城精华在河北。③

从河北对于长城的开发状况来看，已经开发的长城景点超过10个，以山海关长城和金山岭长城为主，辅以若干个小型景区。在秦皇岛有长城发源地老龙头，既是古代的边防重要地点，也是历朝历代帝王出行赋诗的场地。"天下第一关"山海关亦位于秦皇岛境内，被誉为"两京锁钥无双地，万里长城第一

---

① 河北省地方志编纂委员会编《河北省志（第49卷·旅游志）》，河北人民出版社，1994。

② 张依晨：《长城把最美一段留给了河北》，《中国国家地理》2015年第2期。

③ 刘萍、韩宇博、张守义、邵晨光、郑兴广：《聚焦我省文化遗产调查工程之二：长城资源调查1300多公里明长城精华在河北》，《河北日报》2009年6月26日第009版。

关”。另外，孟姜女哭长城的故事也发生在秦皇岛，现如今当地尚有姜女庙和姜女坟。金山岭长城位于承德市滦平县，主要以奇险闻名于世，主要景点有“浮雕麒麟影壁”“长城边古居”等。唐山喜峰口到潘家口一带长城风光秀丽。张家口大境门长城是张库大道的起点，在历史上具有十分重要的军事意义。这些都是长城旅游文化开发中十分重要的组成元素。

3. 文物价值深厚

河北境内长城具有极高的文物价值，景观呈现多样性的特点，不仅有烽燧、城墙、关隘、城堡、亭障、障塞等形制，建筑方法也多式多样，最早为生土夹板夯筑，后由土坯发展至砖砌，形成完善的防御体系。除地上长城外，还有宋辽古战道的地下长城。① 怀来样边长城是明代建设长城的样板工程。山海关长城和金山岭长城均被列为世界文化遗产。其中，作为万里长城线上唯一一座依山傍海的关城，山海山有多种防御建筑，包括“天下第一关”箭楼、靖边楼、牧营楼、临闾楼、瓮城。山海关有 1350 延米的明代平原长城等景观，官署、演武场、城墙、城门、护城河、角楼、罗城、翼城、水关等建筑也一应俱全，保存基本完整。1961 年 3 月 4 日，山海关被国务院公布为第一批全国重点文物保护单位。

河北长城可以称为我国历代长城的大博物馆，拥有几个“最”：建筑类型最多，中国长城所有的建筑类型在河北都有；建筑质量最好，保存较好的长城大部分在河北；建筑造型最美，燕山山脉海拔不高，相对高度却很高，长城造型非常雄伟；建筑材料最丰富，中国修建长城用过的建筑材料，河北的长城上全都使用了。② 考古学家郑绍宗认为，河北长城拥有最完备的防御体系：“到了明代，长城的精华蓟镇就在河北。蓟镇长城墙体高大，墙体设施包括敌台、墩台、烽火台、望台、战台、炮台、关隘、口门、炮位等数十种，另有多种城池，包括镇、路、关、营、堡，有多种等级防御城，形成历史上长城建设最为完备的防御体系。”③ 河北段长城成为古代社会、建筑、军事等领域研究的重

① 白翠玲：《太行山河北段长城旅游开发研究》，《河北地质大学学报》2017 年第 4 期。

② 董耀会：《读懂长城 读懂河北长城》，载《中国长城博物馆（2015 年合订本）》，2015。

③ 张依晨：《长城把最美一段留给了河北》，《中国国家地理》2015 年第 2 期。

要物质存在。

4. 蕴含着丰富的长城精神

精神文化价值主要由长城本身所携带的功能或符号形成。“长城文化”是中国古代修建和使用长城所形成的历史文化，其中包括依托长城所形成的反映长城内外不同民族特质和社会风貌的文化。① 长城被列为世界中古七大奇迹之一，被誉为人类建筑史上的伟大奇迹，它最高的人文价值便是被视为中华民族精神的象征，它体现了中华民族的民族毅力和不怕牺牲的精神。“长城伟大，因为长城是一种筋骨。读懂长城，就能读懂我们的历史，我们的文化。长城伟大，因为长城是一种精神。读懂长城，就能读懂我们的现在，我们的未来。”②

往来学者多有对长城精神的探索。吉人认为，强国精神、团结精神、创造精神、献身精神就是长城精神的基本内容。③ 孙继峰曾三论长城精神，包括和平精神、进取精神、抗争精神。在《长城精神的新时代价值蕴含及其实践途径》一文中，作者认为爱国主义是长城精神之源泉，勤劳勇敢是长城精神的动力，民族团结是长城精神的根基，开放创新是长城精神的灵魂。④ 也有学者认为，长城文化包括以下几方面的内容：不畏强敌、敢于反抗的爱国主义精神；各民族互助团结、和平共处的处理民族关系的准则；勇敢无畏、吃苦耐劳的优秀品质；坚韧不拔、自立自强、昂首挺立的人格魅力；抗暴扶弱、除恶扬善的正义情怀。⑤ 可见，长城既见证了中华民族的沧桑岁月，又承载着极高的文化价值，长城精神值得深入挖掘和诠释。

河北长城见证了中华民族的历史变迁。燕、赵、中山国所处的战国时期，长城内外战争激烈。秦统一六国后，经过共计 12 年的修缮和新筑长城，将整个长城防线连贯为一，成就了今天的万里长城。为了抵御匈奴，尤其是汉朝，继续在原有基础上修建长城。其间产生了诸如赵武灵王胡服骑射、李牧以少胜多破杀匈奴、蒙恬筑长城、“但使龙城飞将在，不教胡马度阴山”的李广击退

---

① 董耀会：《如何理解“长城文化经济带”之概念》，《经济要参》2021 年第 1 期。
② 董耀会：《长城伟大 长城是一种精神》，《新商务周刊》2015 年第 7 期。
③ 吉人：《“长城精神”解读》，《万里长城》2012 年第 4 期。
④ 刘素杰：《长城精神的新时代价值蕴含及其实践途径》，《河北地质大学学报》2020 年第 2 期。
⑤ 冯清华、卢颖：《长城文化中的民族精神传承》，《人民论坛》2017 年第 25 期。

匈奴的故事。之后，北魏、金继续修筑长城。野狐岭长城见证了蒙古与金的惨烈之战："大败金军，追至浍河，僵尸百里。"[①] 明朝迁都北京后，将修建长城作为重中之重，建内、外长城。将长城沿线分为9个防务边区，称为九镇或九边。河北境内的明长城主要是蓟镇和宣府镇管理，后来由于蓟镇太大，蓟镇分为了昌镇和真保镇。明王朝的兴衰与长城息息相关，明始于将元顺帝赶到长城外，明末吴三桂山海关引清军入关致明灭亡。清代康熙帝当政后不再修筑长城，以"众志成城"作为对蒙古族政策的出发点，把"人和"作为巩固边疆的保障。为绥服蒙古巩固北部边疆，兴建木兰围场和避暑山庄，由此"木兰围场和热河行宫成为长城在清代的一种变体，以另一种形式保护着清朝北疆的安宁"[②]。

随着抗日战争的爆发，长城成为坚强不屈的中华民族的精神象征。日本侵略军进犯后，长城的关口、敌台、墙台等防御设施重新发挥作用。1933年的榆关抗战，揭开了长城抗战的序幕。在《悲壮的长城抗战》一文中，作者认为1933年3月至5月的长城抗战分为三个时期：第一个时期是3月5日至当月底的长城东段各隘口的争夺战。这一时期的作战主要是冷口、界岭口战斗，喜峰口、罗文峪战斗，古北口附近战斗，等等。发生在这一时期的喜峰口战斗中还诞生了《大刀进行曲》。第二个时期是3月底至5月初的长城东段南侧的作战，古北口作战在这一时期最为悲壮。第三个时期是5月的长城以南冀东作战。[③]"长城抗战"是"九一八"事变后，中国军队在华北进行的第一次大规模抗击日本侵略者的战役，有着重大的历史意义。它是中国抗日战争的重要组成部分，直接延缓了日本侵略华北乃至中国的进程，让世界看到了中国军民抵御外侮、视死如归的民族精神，是一场关乎民族生存与民族尊严的战役。

长城也是多民族凝聚统一的文化带，茶马互市、长城文学等促进了沿线各民族文化的融汇和繁荣。根据《河北省志》记载，河北境内长城地带历来是多

---

① 《元史·卷一百一十九·列传之六·木华黎》。

② 河北省地方志编纂委员会编《河北省志（第81卷·长城志）》，文物出版社，2011，第285页。

③ 姜廷玉、刘中刚：《悲壮的长城抗战》，《北京日报》2015年5月25日，转引自中国共产党新闻网，http://dangshi.people.com.cn/n/2015/0525/c85037-27052591.html，访问日期：2023年1月5日。

民族杂居地区，战国时期的北戎、鲜虞、东胡，秦汉时期的匈奴、乌桓，魏晋时期的鲜卑、柔然（蠕蠕）、丁令，隋唐时期的突厥、契丹、奚、高句丽，金元明清时期的女真、鞑靼、蒙古、回、满，诸多民族都曾在这一地带生活、开拓和创业。河北也是少数民族建立政权最多的地区之一。战国时有鲜虞中山国，先都于新市后迁于顾，再迁于灵寿古城；魏晋南北朝时，先后有羯人石勒建都于襄国（今邢台），前燕慕容携建都于蓟，后燕慕容垂建都于中山（今定州），后赵、东魏、北齐、北周建都于邺城（今临漳）；辽、金、元建都于燕京（今北京）。河北还是历代设置的管理北方少数民族的行政机构所在地之一。东汉在上谷（今怀来境内）设乌桓校尉兼辖鲜卑；三国魏在昌平设护乌桓校尉，在蓟设护鲜卑校尉；魏晋时期设幽州太守兼乌桓校尉。① 因此，“可以把长城看作一种文化符号，它是中华文明内部各区域文化之间碰撞、交流的历史见证和遗留物”②。从历史上看，河北长城内外多民族融合的现象尤为突出，不管是因战争还是安置，或是因经商，各民族间错杂居于此，这对促进民族间交流、大融合、大团结和文化趋同起到了重要作用。比如，张家口的大境门，既有武文化，是兵家必争的关隘；也有商文化，是蒙古、汉、回、藏等多民族文化沟通的地方，茶马互市交流频繁促进了中华民族的融合和发展。大量的交流也从另一方面反映出长城的和平象征意义。

关于河北长城的诗词亦有不少，如《饮马长城窟行》《从军行》《出自蓟门北行》《出塞》《度关山》等。明代马文升有专门写《山海关》的诗：“曾闻山海古渝关，今日经行眼界宽。万顷波涛观不尽，千寻绝壁画应难。东封辽水三韩险，西周燕京百世安。来岁新正还旆日，拟图形胜献金銮。”围绕河北长城所作诗歌的发展史，可以分为萌芽期（唐代以前）、兴起期（唐代）、低落期（宋辽金时期）、转折期（元代）和繁荣期（明清时期）五个阶段，这五个阶段

① 河北省地方志编纂委员会编《河北省志（第 81 卷・长城志）》，文物出版社，2011，绪论第 5 页。

② 马保春：《延展而辐射的纽带 层累且升华的意义——“长城文化带”内涵探析》，《光明日报》2019 年 3 月 11 日第 014 版。

形成了以“山”“海”“关”为主要表现对象的诗歌内容特色。[①] 河北长城文学具有地域特征和较高的文学价值。

二、河北长城资源的文旅开发现状

长城资源的文化和旅游开发既包括对长城的保护，也包括创新性传承，更包括建立在长城文化元素基础上的创造性开发。

（一）河北省长城文化保护模式不断推进

长城文化和旅游产业带的构建必须以文化遗产保护为基础。中华人民共和国成立后百废待兴，长城经过岁月和战争的磨砺，状态不容乐观，对长城的保护得到国家的高度重视。自 1950 年开始颁布的各种文物保护的命令、指示、条例中都把长城作为重要项目列入。1952 年，时任政务院副总理兼文化教育委员会主任的郭沫若提出“修复长城，让长城成为对外窗口”的建议，对长城的保护修复工作起到积极的推动作用。2006 年《长城保护条例》颁布，这是国家首次也是迄今为止唯一一次为一个单体文化遗产发布行政法规。以此为标志，关于我国长城保护形成了较为完善的法律法规体系。同年，《长城保护总体规划》编制前期工作启动。历时 13 年，2019 年 1 月 22 日，文化和旅游部、国家文物局正式印发《长城保护总体规划》，为建立长城保护传承利用长效工作机制提供了重要遵循。国家层面的政策法规等为河北省开展河北段长城的保护工作提供了有力指导。

2016 年 12 月 5 日，河北省政府通过了《河北省长城保护办法》，该办法自 2017 年 2 月 1 日起施行。办法首先提出长城保护的原则，即长城保护应当遵循保护为主、抢救第一、合理利用、加强管理的原则，保护长城的真实性、完整性和历史风貌。同时，办法还指出长城所在地县级以上人民政府负责本行政区域内的长城保护工作，协调解决长城保护中的重大问题，长城所在地县（市、区）人民政府或者其文物主管部门可以聘请长城保护员对长城进行巡查、

① 唐萌、焦平：《河北长城诗歌的历时演进及其文学价值》，《河北地质大学学报》2018 年第 3 期。

看护。为贯彻落实《长城、大运河、长征国家文化公园建设方案》，推进长城国家文化公园建设，加强长城保护传承利用，2021 年 3 月 31 日河北省第十三届人大常委会第二十二次会议表决通过了《河北省长城保护条例》。该条例自当年 6 月 1 日起实施。条例在之前制定的保护办法的基础上，针对解决长城文化价值发掘和保护工作中存在的短板和弱项问题提供了有力的法律支撑。

1952 年，山海关“天下第一关”城楼进行了中华人民共和国成立后的第一次大型维修。1961 年，山海关被列入第一批全国重点文物保护单位名单，促进了长城保护工作的进一步开展。从 1980 年起，在长城沿线的山海关、阜宁、卢龙、青龙等地，政府先后建立了长城保护领导小组，成立了 90 多个群众性保护组织。2003 年，秦皇岛首创长城保护员制度，按照实际情况，将境内的长城分成 78 段，每段由一位长城保护员进行日常巡护。2003 年 11 月，长城保护员制度向全国推广。2016 年，国家文物局印发《长城保护员管理办法》，通过岗前培训、日常业务培训、颁发统一证件等，对保护员进行正规化管理。2014 年，秦皇岛市委市政府在全省率先启动长城保护立法工作。2018 年 9 月 1 日，《秦皇岛市长城保护条例》经河北省人民代表大会常务委员会审查批准后正式施行，让长城保护有法可依。

承德对长城实行全程保护、分段管理。承德对长城散落文物及城砖进行了全面调查统计，承德县通过野外调查摸清县域内明长城基本情况，兴隆县出台意见对长城实行全程保护、分段管理。2010 年起，承德开展金山岭长城保护设施建设，先后对长城墙体、敌楼、马道等进行维修及加固。此外，承德共聘任 133 名长城保护员进行安全巡查。

2013 年，唐山遵化市邀请专业人员对境内古长城进行为期一周的现场实测，首次细致测量遵化境内古长城，为研究古长城、保护世界文化遗产提供依据。河北省文物局等相关部门先后组织实施了山海关关城及东罗城、滦平金山岭、张家口大境门等长城保护工程，开展了长城资源调查工作，及时掌握长城资源现状，为保护工作的开展提供了基本数据。

“对长城的保护措施如果不能使之连接历史和未来，那无异于破坏。长城曾是许多重大历史事件的见证，保护修缮时要最大程度保留不同时期的重要历史遗存和信息。”“十三五”期间，河北省在长城保护方面开展了一系列工作，包括成立河北省长城保护协调领导小组；省政府常务会研究设立省级长城保护专项资金；将国家文物局认定的389处长城遗存公布为省级文物保护单位；开展了山海关长城、紫荆关长城、大境门东段长城等10余项长城维修工程，初步确定了河北省“十三五”长城保护项目库。河北省每年安排经费，用于长城抢救性维护、监控防护和监测等工作。2021年底，河北省印发《长城国家文化公园（河北段）建设保护规划》，继续坚持“保护为主、抢救第一、合理利用、加强管理”文物工作方针。

（二）河北省长城文化旅游聚合优势初步凸显

当前，长城已不用再担任防御角色，作为文化遗产的活性传承意义在文旅融合中迸发出火花。中国长城学会副会长、河北地质大学长城研究院院长董耀会认为，让长城这一“陈列在广阔大地上的遗产”活起来，必须做好长城保护与利用统筹发展的顶层设计，大力推进文旅融合。

2017年以来，国家层面推出的长城国家文化公园、长城文化带、全域旅游等政策引导，对于新型文旅融合发展注入了活力。长城开发利用成为整合区域资源、实现文物保护与区域协调发展的关键点，成为大型线性文化遗产开发利用与文化旅游融合的先锋示范。① 2021年11月，河北省政府办公厅发布的《河北省建设全国产业转型升级试验区“十四五”规划》，将文化和旅游列入河北省十二大主导产业名单，并提出要增强主导产业的支撑地位。同时，文件提出要对接京津地区文化和旅游资源，培育区域旅游精品线路，打造京津冀文化和旅游发展协同体，推动以雄安新区为南翼、以张北地区为北翼的文旅产业区建设，构建环京津、长城、大运河、太行山、沿渤海、坝上草原等6个文化和旅游带，形成“一体两翼六带”空间布局。② 长城文化和旅游带建设作为河北省“十四五”规划的主要项目，对河北省的经济文化发展将起到重要的作用。

---

① 刘文艳、许慧君、冯双元、于冰：《中国长城保护报告（2017—2018）》，《中国文化遗产》2020年第2期。

② 王凯东、高越：《河北将文化旅游列入全省十二大主导产业》，《中国旅游报》2021年11月29日。

同年12月，河北省印发《长城国家文化公园（河北段）建设保护规划》，为河北境内加快推进长城国家文化公园建设提供科学指引。河北在对接京津共同打造京津冀文化和旅游发展协同体的基础上，打造“京畿福地 乐享河北”总品牌，搭建旅发大会、产业投融资、文化和旅游云等平台，推进长城文化和旅游的综合开发。长城与非遗体验、乡村振兴、游学、潮玩等项目进行聚合，“长城+”文旅创新产品和创景进一步形成。

2022年初与北京一同成功举办冬季奥运会的张家口崇礼，将长城文化与冬季冰雪运动相结合，实现了长城精神与冬奥精神的完美融合。尤其是崇礼长城景观展示亮化工程，依据长城遗址形态分级分段对冬奥核心区桦林东段6公里长城本体及7个烽火台实施亮化，采取点光源铺设、龙骨灯网安装等方式，确保重要节点的远观效果和近观体验，实现了“长城脚下看冬奥、冬奥赛场看长城”的奇观，成为崇礼区冬奥整体夜景展示的重要组成部分。

秦皇岛注重整合长城文化资源，打造大长城文化和旅游产业带，对境内长城资源深挖文化价值，将当地长城旅游项目嵌入全国性大长城旅游线路（北京八达岭长城—承德金山岭长城—山海关老龙头长城），做强山海关军事文化旅游产业区，努力创建中国明代最完整军事体系文化旅游品牌。

唐山市迁安以长城为依托，在北部建立长城山野绿道——“长城天路”，西起红峪口，东至徐流口，全长49公里，穿越26个村庄，以路引景，全线设有10处观景区，沿途将长城景点与最美乡村游进行了有效连接，呈现出迁安特有的风土人情，实现乡村振兴与旅游业深度融合。

承德金山岭长城探索各种文旅融合形式，如借第16个“文化和自然遗产日”，围绕文化遗产、自然遗产和非物质文化遗产保护开发，采取线上线下相结合的方式，将民乐、太极、汉服等表演亮相古老长城，推出主题直播，将长城保护开发与中国传统文化、现代传播形式进行了有效融合。“金山岭长城杏花节”已连续举办多届，成为承德的文化名片。

非遗是传承长城文化的艺术符号，也是激发长城活力的动力源泉。非遗文化已经成为激活长城文化旅游的重要引擎。秦皇岛“长城脚下话非遗”项目开展了五大主题活动：长城脚下论传承、长城脚下见匠心、长城脚下亮手艺、长城脚下品美食、长城脚下唱大戏，“长城脚下话非遗”成为长城文化旅游的品牌之一。山海关积极探索“非遗＋旅游”新业态，“山海关古城年博会”汇聚北方地区年文化特色，将民俗资源转化为文旅产业，有效解决了冬季旅游淡季的问题。另外，在长城景区开展的“剧本杀”活动更是增强了长城文化的吸引力。

《河北省文化产业发展规划（2021—2025年）》中明确指出，要构建长城文化产业带，以秦皇岛、保定、唐山、张家口、承德为重点区域，紧抓长城国家文化公园建设机遇，积极发展文化体验、生态休闲、康养度假、科普研学、演艺娱乐等文旅业态，加快建成河北特色的长城国家文化公园文旅产业融合示范带。2021年底，河北省文化和旅游厅集中力量，安排旅游高质量发展资金4800万元用于长城重点项目建设，成功举办以长城国家文化公园建设为主题的招商推介活动，推出山海关古御道明清文化旅游小镇、崇礼长城山林康养小镇、唐山迁西长城抗战红色景区等29个文旅融合项目。从顶层设计到实际推动，各级政府根据各地特色指导设计，推广长城文旅融合项目，取得了良好效果。

（三）河北省长城国家文化公园建设有序推进，产业带朝“大文旅”转向

建设国家文化公园，是以习近平同志为核心的党中央做出的重大决策部署，是推动新时代文化繁荣发展的重大文化工程。2019年7月24日，中共中央总书记、国家主席、中央军委主席习近平主持召开中央全面深化改革委员会会议，会议审议通过了《长城、大运河、长征国家文化公园建设方案》，提出要以长城、大运河、长征沿线一系列主题明确、内涵清晰、影响突出的文物和文化资源为主干，生动呈现中华文化的独特创造、价值理念和鲜明特色；要坚持保护优先、强化传承，文化引领、彰显特色，总体设计、统筹规划，积极稳妥、改革创新，因地制宜、分类指导，根据文物和文化资源的整体布局、禀赋差异及周边人居环境、自然条件、配套设施等情况，重点建设管控保护、主题展示、文旅融合、传统利用四类主体功能区。

为加快推进国家文化公园建设，2021年8月《长城国家文化公园建设保护规划》，整合长城沿线15个省、区、市文物和文化资源，按照“核心点段支

撑、线性廊道牵引、区域连片整合、形象整体展示”的原则构建总体空间格局，重点建设管控保护、主题展示、文旅融合、传统利用四类主体功能区，实施长城文物和文化资源保护传承、长城精神文化研究发掘、环境配套完善提升、文化和旅游深度融合、数字再现工程，突出标志性项目建设，建立符合新时代要求的长城保护传承利用体系，着力将长城国家文化公园打造为弘扬民族精神、传承中华文明的重要标志。

河北省在推进长城国家文化公园建设方面做出了很多努力。在顶层设计层面加强指导性文件的编制，在全国率先印发《长城国家文化公园（河北段）建设保护规划》及《长城国家文化公园（河北段）建设实施方案》，创新制定完成《长城周边风貌管控导则》，编制完成《长城国家文化公园（河北段）文化和旅游融合发展专项规划》，为做好长城（河北段）周边风貌管控、推进长城沿线文化旅游高质量融合发展提供了根本遵循，明确了长城文旅融合发展以文化为灵魂、以旅游为载体、以融合为路径、以产业为方向，构建“两带、四段、多区”的文旅融合发展格局，培育、叫响“万里长城 雄冠河北”品牌，形成促进文化传承发展的长城文旅融合发展新格局。

按照《长城国家文化公园（河北段）建设保护规划》，长城文旅产业带的开发基本符合“点-轴”发展理论，以明长城为主线，按照“核心点段支撑、线性廊道牵引、区域连片整合、形象整体展示”的原则，沿燕山、太行山构建“两带、四段、多点”的空间布局和展示体系。先打造相对成熟、景观和文化价值高的、最能体现长城精神的区段，即山海关段、金山岭段、大境门段和崇礼段，以点带面，充分发挥增长极的作用，推出一批可复制推广的成果经验。建设规划明确，通过划定 840 平方公里的管控保护区，规划建设山海关、金山岭、大境门三大核心展示园以及 42 条集中展示带、258 个特色展示点、22 个文旅融合区和三类传统利用区，构建内涵清晰、功能明确、重点突出的建设保护整体格局。可以看到，河北省近年来长城文旅产业发展，上位政策系统思维显著，文旅产业发展也正逐渐跳脱出原来的单点思维和单线思维。

俗话说，要想富先修路，要发展长城文化旅游更需要有路网的支持。2021 年 11 月，河北省文化和旅游厅、省交通运输厅共同发布了《河北省长城风景道建设指南》。风景道是长城国家文化公园建设推进实施的五大工程中环境配套工程的核心内容，打造融交通、文化、体验、游憩于一体的复合廊道是长城风景道建设的目标和方向。长城廊道发挥的是“轴”的功能，将沿线关、隘、口、堡、传统村落、景点景区等一个个“点”串联整合，形成产业带的聚合优势。河北省推出的长城国家文化公园（河北段）精品线路，包含了四大主题共12条精品线路，涵盖了长城河北段精华部分。长城国家文化公园以及跨区域的廊道建设、旅游路线设计等本身就是产业带逻辑的体现，体现了大文旅视野。

（四）河北省注重科技创新在长城文旅产业开发中的应用

随着新一代信息技术和媒体技术的发展，大数据、5G（第五代移动通信技术）、VR（虚拟现实）、AR（增强现实）、MR（混合现实），直至近来的元宇宙等技术、理念加速了文化产业场景再造和技术变革，文化旅游的体验方式发生变化，调动各感官的沉浸式、互动式体验成为发展趋势。2020年新冠肺炎疫情暴发更加推动了科技对旅游业的升级改造。

据河北省旅游业相关统计可知，河北省积极全面推进智慧旅游，完成“河北旅游云”、省文旅分时预约平台等信息化项目建设，形成了多层次、立体化产业运行监测和应急指挥体系；构建起“一部手机游河北”生态系统，一机游平台“乐游冀”实现上线运行；积极开展智慧景区示范点评定工作，首批17家智慧景区示范点建设单位通过初审；建成河北省首个文旅5G大数据创新实验室，半数以上5A级景区实现5G信号全覆盖，高清安防监控、人脸识别客流分析等5G智慧化应用在助力冬奥赛区建设上发挥了积极作用。

河北省积极应用5G、大数据等新兴技术，加强长城文化资源的整合展示和数字基础设施建设。河北省文化和旅游厅在全国率先推出的可阅读长城数字云平台（简称云长城河北）成为全国数字再现样本，该平台以“云长城河北”微信小程序为基础，通过云计算和大数据等技术，实现VR全景、手绘地图、数字建模、智能导览等功能一键触发，实时展示长城重要点段及周边的文化遗产、自然景观、非遗民俗、诗词歌赋及食宿住行等方面的内容，真正实现“一部手机游长城”。河北省重点对山海关、金山岭、大境门、崇礼等长城进行数字化展示，初步建成了可观看、可阅读、可体验、可感悟的河北段长城公共文化线上空间。

省内各地创新推出一批长城智慧旅游产品。长城各景点开展云展览、云娱乐、线上演播、数字艺术、沉浸式体验等新兴业态文旅服务，创新推出智慧旅游产品。秦皇岛市编制完成《秦皇岛长城数字智慧平台设计方案》，大力推动山海关长城数据建模项目建设，秦皇岛市玻璃博物馆提供丰富的线上专题展览，推出长城专题“山海传奇——秦皇岛长城传说故事展”。承德市金山岭长城景区大力推动智慧景区项目建设，在线直播平台、智慧景区、央视 5G 高清直播平台等数字工程建设基本完成，实现了景区 VR 展示、智慧分析管理。

河北省虽然初步展示了文旅产业的科技创新能力，但是仍然面临很多的挑战。一是对文化和旅游科技创新的认识仍有不足，相关基础研究不够充分，专业人才匮乏，创新意识不强。二是文化和旅游科技创新基础较差，成果应用与转移转化不足，旅游景区、公共文化场馆在数字化、智慧化技术应用程度较低，发展不均衡。三是对文化和旅游科技创新资金投入渠道单一，吸引社会投资的建设模式和市场筹资机制尚不健全。长城文化和旅游产业带开发中存在这些问题，长城文旅＋科技创新需要政府、社会、企业多方的共同努力。

元宇宙的概念火热出圈，有媒体将 2021 年称为“元宇宙元年”，元宇宙是下一代互联网，是一个虚实相生、人机结合的数字网络空间，具有沉浸式体验、内容丰富、社交性、经济体系等四大核心要素。元宇宙的深度发展将可能重塑文旅产业的模式和形态。由此，对文旅产业提出了要求：项目布局上，搭建智慧化云平台，丰富虚拟人、VR、AR、MR、数字文博、全息沉浸式技术等元宇宙产品与内容；内容生态上，加强数字基建，促进平台、内容、终端、渠道多维度的深入融合，打造特色数字文旅 IP，制订行业标准；资本投入上，积极扶持新业态，通过 5G、AI（人工智能）、云计算、区块链等前沿技术的投入，将虚拟世界与现实世界无缝联结。① 元宇宙旅游、长城国家文化公园元宇宙开发等项目的实施，是河北文旅产业发展需要探索的领域。

---

① 苏坤：《“元宇宙”如何赋能文旅产业数字化转型值得关注》，《中国旅游报》2021 年 12 月 16 日第 003 版。

（五）河北长城文旅产业带超级 IP 开发有待加强

旅游业创新关键在于 IP 打造。只有真正形成 IP 的旅游项目才能获得持续的经济效益，才有有效扩大发展的潜力和空间。华强方特的“熊出没”IP 一年综合收入超过 20 亿元。迪士尼景区收入里，1/3 是带有 IP 的文创商品，1/3 是门票，1/3 是酒店。IP 是 Intellectual Property 的缩写，中文译为知识产权。IP 的本质是无形资产的产权与收益权。① 随着社会发展，IP 已跳脱出知识产权的界定，可以理解为文创作品，代表智力创作的著作权。一部动漫、一个形象、一个产品均可能成为一个 IP，IP 所指现已非常宽泛，当前社会进入到泛 IP 时代，文创、动漫、游戏、文旅等皆可与 IP 概念结合。但 IP 有两个不变的标准：一是有多元化开发能力的原创内容源，二是对特定人群构成影响力。② 超级 IP 其实是超级文化符号，只有发展成为影响力和跨界力很强的文化符号，才有可能成为超级 IP。③

长城本身是具有强烈辨识度的超级 IP，怎样充分孵化、开发这一 IP，推进河北长城文化和旅游产业的发展，是需要着重考虑的问题。

首先，长城 IP 内容的发掘是基础。作为文化遗产，长城本体需保护传承，长城的开发主要是文化元素层面的开发，充分发掘长城的文化内涵，这种内涵需要与新时代社会的发展趋势相结合，与人们日益增长的精神需求等相结合。总的来说，需要加强长城的文化意象的挖掘、提炼。如前面所述，长城研究提炼出的长城文化包含了和平文化、多民族文化、抗战精神等，此外，长城精神与“一带一路”、人类命运共同体、乡村发展等也关系密切，新时代背景下长城精神内涵的多方位立体挖掘至关重要。另外，旅游产业的文化产品更多是无形的文化体验，对于长城文旅产业而言，可从历史文化氛围、旅游活动、核心吸引物、配套设施和服务体验五个方面来进行长城国家文化公园的旅游形象感知研究。④

---

① 陈格雷：《超级 IP 孵化原理》，机械工业出版社，2020，第 3 页。

② 秦阳、秋叶：《如何打造超级 IP》，机械工业出版社，2016。

③ 陈格雷：《超级 IP 孵化原理》，机械工业出版社，2020，第 7 页。

④ 闫瑶瑶、郑群明：《长城国家公园旅游形象感知研究》，《林业经济》2020 年第 1 期。

其次，长城IP文化意象衍生创意产品是保障。文化意象向创意产品发展是资源向产业转化的路径。长城创意产品主要是围绕长城展开设计的，设计资源包含长城本身，与长城有联系的故事、人物等，需要以发散思维、联想思维进行设计，以“长城+”融合发展为基本思路拓扑式开发长城IP。如与体育、文艺、传统文化、饮食、潮玩等进行融合，设计开发出具有长城精神的创意产品。产品既包括活动，也包括具体商品，也可以是符号。网络上现有的“长城文创”IP，是中国长城学会文化旅游管理委员会创建的一个IP，围绕长城标识进行文创产品开发，包括节庆礼品、玩具、服装、饰品、书画、潮玩等。

最后，长城IP的跨界营销与品牌塑造是基本生产方式。超级IP生产方式必须以社交分享为导向，具备可精准分发的内容，必须适度跨界，生产层次更丰富、更具传播能力的内容，且内容对用户而言具有高度聚合的可辨识性和稀缺价值。跨界包括对定位人群的界定和扩展，对产品形态的跨界整合，对传播方式的跨界应用。2021年12月，国务院印发的《“十四五”国家老龄事业发展和养老服务体系规划》明确指出，要促进养老和旅游融合发展。长城文旅可探索创设适合老龄人群旅游的线路和环境，充分发挥“银发经济”的长尾效应。另外，全球体育旅游产业正在以年均14%的速度增长，我国体育旅游市场呈现快速增长趋势，2021年7月国务院印发《全民健身计划（2021—2025年）》，明确将体育旅游作为全民健身融合发展的三大领域之一，因此探索体育与长城的深度跨界组合将是一大趋势。长城文旅发展也可采用与其他领域合作的跨界模式，如八达岭长城与某品牌联名跨界合作，打造出品牌联名实物文创周边产品，弘扬中华民族精神。某服务公司与金山岭长城跨界达成合作，重点打造金山岭长城风景名胜景区和白草洼国家级森林公园文化、自然、康养、旅居等新型度假场景的服务升级体系。2019年国庆期间开办的“慕思之夜·追梦·长城夜”8小时睡眠音乐会，让游客躺在长城脚下倾听音乐入睡，这称得上是一场先锋的跨界营销实践，几小时内网络平台突破2000万关注度。

目前，河北长城超级IP开发处于起步阶段，尚未构建起长城整体价值阐释体系；长城价值研究起步较晚，尚未形成全面、系统、富有深度的价值研究成果；缺乏展示模式、展示技术专题研究，开发模式单一，未能对不同时空、不同文化背景下的长城价值进行全面展示。① 在长城国家文化公园建设的推进工作中，山海关、金山岭、大境门、崇礼等长城段初步形成了品牌聚合效应，使游客对天下第一关山海关、最美长城金山岭、长城第一门大境门产业价值形成认同；随着崇礼冬奥会的举办，崇礼段长城也冲出圈外。但是，其他长城景点的 IP 均没有形成显著的品牌效应，同时围绕长城的故事与文化宣传还没有到位。如何在文旅融合的视角之下，理解并做好长城历史文化及其价值的阐释与展示，可以说是长城国家文化公园建设的一个重要研究课题。②

总的来说，河北长城文化和旅游产业带目前处于“点-轴系统”理论所说的极化发展阶段。境内长城开发“极点”多，发展不均衡。境内山海关、老龙头、喜峰口等著名旅游景点发展水平高，配套设施较为完备，成为当地重要经济增长点。但河北大部分长城开发水平较低，配套的餐饮、住宿、交通等旅游设施尚不完备，甚至存在大量缺乏保护的野长城。河北省内非长城旅游景点众多，行业竞争激烈。河北省内白洋淀、避暑山庄、娲皇宫、清东陵等 5A 级、4A 级景区众多，且河北临近的京津地区具有丰富的历史文化旅游资源与商业旅游资源，吸引了大量消费者，长城旅游景点现阶段并没有明显竞争优势。河北境内长城旅游产业带“集而不强”，现有产品仍停留在传统的观光旅游为主阶段，开发政策与措施并未跟上旅游业发展升级潮流，配套的宣传工作与保护工作不到位，周边产业如购物、娱乐等有待开发。

在长城相关的建设规划指导下，在政府的强势引领下，河北省具有产业属性的旅游廊道逐步形成。这一发展突破将大大便利产业带交通设施建设，形成旅游产业带发展交通轴线。但河北长城旅游开发各地多“各自为战”，没有形成合力，缺乏省内长城形象整体性、综合性开发，部分区域存在重复开发、资源浪费与过度包装等问题。从“点-轴系统”理论角度看，河北长城旅游产业带的轴已基本搭建完成，可以承担基础性功能，当前主要的工作应集中于中心点的开发，

---

① 《文化和旅游部 国家文物局关于印发〈长城保护总体规划〉的通知》，http: www. gov. cn/zhengce/zhengceku/2019-12/09/content _ 5459721. htm,访问日期：2023 年 1 月 5 日。

② 董耀会：《文旅融合视角下的长城文化阐释与展示》，中国网，http://t. m. china. com. cn/convert/c_AvaMErnn. html，访问日期：2023 年 1 月 5 日。

以点的聚集优势盘活产业带，提升河北长城旅游产业带整体发展层次。

附：长城国家文化公园（河北段）12 条精品旅游线路①：

主题一：金色长城——中华文化展示体验之旅

线路一：山海雄关经典游

秦皇岛—老龙头景区—孟姜女庙景区—天下第一关—山海关古城—角山景区—山海关中国长城博物馆—长寿山景区—北营子村—九门口（九门口点将台）—董家口长城风景区—板厂峪景区（闆城小镇）—柳江地学博物馆—祖山风景区（天女小镇）—冰塘峪长城风情大峡谷景区—秦皇岛

总里程：约 250 公里

线路二：英雄长城豪情游

唐山—清东陵—凤凰岭—金融街古泉小镇—尚禾源·恋乡小镇—禅林寺古银杏风景区—鹫峰山风景旅游区—喜峰雄关大刀园—铁门关民俗文化村—青山关旅游区—长城天路—白羊峪长城旅游区—徐流口九龙泉风景区—山叶口景区—唐山

总里程：约 370 公里

线路三：宣府长城体验游

北京—镇边城—样边长城—长城桑干酒庄—鸡鸣驿城—宣化古城—张家口堡—大境门风景区—万全右卫城—暖泉古镇—宋家庄镇（代王城镇、上苏庄村、北方城村）—飞狐峪—空中草原—北京

总里程：约 763 公里

主题二：红色长城——民族精神传承之旅

线路一：长城抗战红色游

① 2021 年 7 月 27 日，河北省文化和旅游厅在“长城之约——长城国家文化公园宣传推广活动暨中国长城旅游市场推广联盟年度活动”现场发布并推介长城国家文化公园（河北段）精品线路册，以长城为轴线，包含了 4 大主题 12 条精品线路。

秦皇岛—山海关景区—义院口—界岭口—冷口—喜峰雄关大刀园—罗文峪长城抗战遗址—遵化—马兰关—官房村—返程或天津黄崖关长城风景区、北京古北口长城抗战纪念馆等

总里程：约361公里

线路二：蓟镇戍边研学游

唐山—金融街古泉小镇（汤泉大阅兵）—鹫峰山风景旅游区（登舍身台）—景忠山旅游区（三屯营城址）—青山关旅游区（青山古堡、把总署）—唐山

总里程：约346公里

线路三：长城内关品味游

北京—龙门天关景区—野三坡平西抗日烈士陵园—野三坡百里峡—阿卡欢乐小镇—紫荆关长城遗址—紫荆关长城漂流—白石口村（白石口长城遗址）—白石山景区—白石山温泉度假区—雁宿崖、黄土岭战斗遗址（黄土岭长城遗址）—龙泉关镇（龙泉关古城）—顾家台村、骆驼湾村—北京

总里程：约419公里

主题三：绿色长城——人与自然融合互动生态之旅

线路一：长城海岸度假游

秦皇岛—乐岛海洋王国—白鹭岛—老龙头景区—天下第一关及山海关古城—秦皇求仙入海处—西港花园—新澳海底世界—秦皇岛野生动物园—鸽子窝公园—秦行宫遗址博物馆—碧螺塔海上酒吧公园—秦皇岛

总里程：约90公里

线路二：锦绣长城生态游

北京—金山岭长城—花楼沟长城文化村—金山岭国际滑雪旅游度假区—白草洼国家森林公园—避暑山庄及周围寺庙—磬锤峰国家森林公园—北京

总里程：约500公里

线路三：塞上长城自驾游

张家口—大境门景区—草原天路—沽源五花草甸—滦河神韵风景区—库伦

淖尔旅游度假区—大汗行宫旅游景区—童话草原景区—神仙谷·七彩森林景区—中国马镇旅游度假区—永太兴疏林草原旅游区—御道口草原风景区—塞罕坝机械林场—张家口

总里程：约500公里

主题四：多彩长城——民族融合和对外交流文化体验之旅

线路一：冬奥长城冰雪游

北京—延庆八达岭长城—崇礼太子城国际冰雪小镇—国家越野滑雪中心—国家跳台滑雪中心—国家冬季两项中心—太舞滑雪小镇—太子城考古遗址公园—密苑云顶乐园—崇礼冰雪博物馆—赤城温泉度假村—北京

总里程：约490公里

线路二：张库大道探寻游

张家口—张家口堡—大境门景区—元宝金街—大疙瘩石柱群景区—中都原始草原度假村—元中都国家考古遗址公园—内蒙古乌兰察布市化德县—锡林郭勒盟镶黄旗—苏尼特右旗—二连浩特—张家口

总里程：约600公里

线路三：太行古陉民俗游

石家庄—土门关驿道小镇—西部长青休博城—中山古城考古遗址公园—秦皇古驿道风景区—仙台山景区（寺掌峪长城）—井陉地都村—山西省娘子关景区—石家庄

总里程：约280公里

第三章 河北长城文化和旅游产业带发展困境

旅游资源开发和保护是相互联系、相互依存的，但是在实际运行中，开发与保护存在着内在的矛盾。开发不可避免地会对自然资源造成某种程度的破坏。如果管理不善，粗放型的开发造成的破坏会更大。长城资源年代久远，除了人为的破坏之外，自然的风化等因素也会对长城造成伤害。在生态较为脆弱的前提下，把握开发和保护的平衡显得尤为重要。长城的旅游开发与保护之间的固有矛盾，也是世界遗产共同面临的问题。

一、开发与保护的结构性二元矛盾

许多长城资源位于自然环境和交通条件比较差的地区，在这些地区长城资源保护和利用难度大、紧迫性强。据河北长城资源调查数据显示，在河北境内，仅就长城墙体保护状况来说，80%以上为“较差”“差”甚至“已消失”，敌台、烽火台等单体建筑近70%出现坍塌甚至彻底消失。① 随着以长城为卖点的旅游项目越来越多，一些地方盲目发展旅游，不考虑长城的承载能力，对长城造成很大损害。另外，采矿尤其是不合法的私采滥挖，对长城造成极大破坏。例如，据调查统计，受到采矿活动影响的长城国家文化公园区段总长度达33 647公里，具体情况如表1所示。

① 白林：《河北境内长城现状令人担忧 保护刻不容缓》，《旅游纵览（行业版）》2011年。

表 1 受到采矿活动影响的长城国家文化公园区段

序号	名称	长度/km	破坏因素	国家文化公园级别
1	土井子·莱市长城	9718	水土流失	
2	独山城村	3830	采矿	
3	浮图峪长城	4179	采矿	二级
4	桃沟村长城	5873	采矿	
5	黄土梁长城	1367	采矿	
6	大台杨长城	6125	采矿	二级
7	亚家庄村长城	2555	采矿	
合计		33647	采矿	

结合 GIS（地理信息系统）空间信息技术分析来看，河北长城主要集中分布在城乡建设空间以及荒野或农田等非建设区域。城镇建设区域对于长城周边风貌负面影响主要集中表现在：无视文物保护范围和建设控制地带限制，破坏文物本体；城市建设破坏重要视线廊道。村庄建设及非建设区域对于长城本体负面影响：乡村土地利用方式改变，影响长城本体及周边环境风貌；乡村建设及生产用地扩张影响长城本体及周边环境风貌。荒野区域对长城风貌的负面影响：矿产资源开发利用的负面影响、风电机组建设的负面影响、高压线走廊建设的负面影响等。① 矿产资源私采滥挖对长城的破坏最为严重，由于此原因造成部分段长城主要墙体已经坍塌甚至消失。

2006 年国务院出台《长城保护条例》，使长城保护有了纲领性文件支持。之后河北省也出台了相关长城保护条例，曾经很长一段时间，由于基层文物保护单位编制不够、经费不足，长城保护处于非常尴尬的境地。目前，随着政府各级部门对长城保护的重视，长城保护的力度较之前有了很大改观，但由于长城的分布特点，保护的力度依旧不能满足需求。大型线性文化遗产保护涉及的问题较多，也很复杂。有必要设立整体保护管理等综合研究课题，对串联遗产

① 吴奇霖、王攀、张婕：《长城景观风貌管控体系性方法初探——以河北长城为例》，面向高质量发展的空间治理——2021 中国城市规划年会论文，成都，2021，第 263—276 页。

的线性载体、沿线文化遗产、保护理论、保护技术、管理体制和方式等问题进行深入研究。①

如何处理保护与开发之间的关系，一直是遗产开发面临的主要矛盾。长城作为特殊的历史文化遗迹，随着时间发展在自然的作用下会逐渐消亡，而不能恢复到最初的建设状态。基于这个特点，对长城应采取特殊的保护政策。把遗产保护放在第一位，始终是长城开发的首要原则。为了达到长城景观保护的目的，同时最大限度减少对现有景观的破坏，有人提出应该首先对长城的发展历史进行考证，完善长城保护的理论研究，从整体保护的角度设计方案，并重视专业人士提出的建设性意见。② 如果不想把长城的旅游开发与保护变成对立体，首先必须遵循长城旅游开发的事先报告审批制度，按规划和审批制度进行旅游开发和工程建设，对长城的旅游开发做到可控、可知、适度，做到以保护为前提的开发，形成良性的发展态势。③ 处理好保护与开发的关系，不仅需要明确开发与保护的"界线"，还需要提升大众对长城的保护意识，将长城资源保护开发与城乡规划相结合，加强社会综合治理能力。

二、基础设施建设可供性不足与旅游产品结构有待优化

可供性（affordance）原义为："一个具体环境的 affordance，就是它为动物提供（offer）的东西，它准备（provide）或供应（furnish）了什么，无论是好是坏……它在某种程度上涉及环境与动物两方面……它意味着动物与环境之间存在着互补性（complementarity）。"④ 在中文的传播语境下，可供性指代人物交互关系中所有非人行动者的贡献，尤其是其架构所指代的环境倾向性特征。⑤ 在本书中，可供性主要指旅游景区所能提供的东西。

---

① 单霁翔：《大型线性文化遗产保护初论：突破与压力》，《南方文物》2006 年第 3 期。

② 贾霄燕：《京津冀一体化下长城文化旅游保护研究——以河北省为例》，《河北地质大学学报》2017 年第 5 期。

③ 王刚：《长城的保护与旅游开发——以张家口为例》，《河北地质大学学报》2018 年第 2 期。

④ Gibson and James J, *The Ecological Approach to Visual perception*. (Boston, MA: Houghton Mifflin, 1979), p. 127.

⑤ 孙凝翔、韩松：《"可供性"：译名之辩与范式/概念之变》，《国际新闻界》2020 年第 9 期。

（一）基础设施建设可供性不足

旅游基础设施是指为适应旅游者在旅行游览中的需要而建设的各项物质设施的总称，包括交通运输、接待住宿、餐饮购物、休憩节点等方面。

河北省长城文化和旅游产业带建设可供性不足，具体而言表现为，旅游交通连接性不高，可进入性较低；接待设施不完备，服务质量和管理水平不高；市政设施达不到旅游发展的基本要求；等等。这些问题制约着河北省长城文化和旅游产业带的可持续发展。

主要表现在：一是道路交通建设有待进一步提升，需打通城市—城市、城市—景区、景区—景区之间的连接，研判旅游旺季带来的严重堵车情况。二是接待设施配置与游客需求不对标。不同的游客对接待酒店的要求不同，高、中、低档酒店应合理配置，同时应对应相关标准做好管理。三是在长城资源所在的经济欠发达地区，尤其没有得到开发的农村地区或山间田野，存在着旅游基础设施严重不足的现实问题，如果保护再跟不上，区段长城有沦落为“野长城”的可能，造成极大损失。

（二）旅游产品结构有待进一步优化

旅游产品结构是指各类旅游产品之间及其内部的比例关系，它是旅游经济结构的重要组成部分，主要包括消费结构、要素结构、组合结构等。优质的旅游产品结构应包括消费合理，消费产品满足游客的旅游期待，景观性、文化性和娱乐性协调统一等特点。

近年来，河北省利用长城国家文化公园建设的战略机遇，积极探索长城资源的文旅开发新业态。将长城文化与非遗体验、乡村振兴、城乡融合等结合，创新产品和旅游场景，推进优质文化和旅游资源的一体化开发。但是，由于文化产业与旅游产业融合还处于探索阶段，相对于快速发展的科技环境以及多元的受众需求，河北长城的文化旅游产品结构还不够丰富。

现阶段，游客的旅游期待较之前发生了很大变化。一是因为新冠肺炎疫情的暴发，使消费者更注重旅游过程中的旅游环境卫生条件和健康服务。另外，在疫情管控期间，长途旅游减少，以家庭自驾游为主的周边短途旅游明显增多。因此，旅游景区的基础设施、安全措施要更加完善；要重点加强针对亲子家庭游的旅游产品开发，并注重吸引周边游客。二是随着科学技术的快速发展，尤其是5G和人工智能技术的发展，游客对于沉浸式体验、交互式体验的要求变高。深度体验逐渐成为旅游产品的必备要素，好玩、好用、好看成为游客体验最直观的感受，这对应于旅游产品结构景观性、文化性和娱乐性的统一。目前，河北长城旅游主要以一次性的观光游为主，并没有形成持续性的产业业态和消费模式，对于深度体验性项目的开发也有待加强。

旅游产品结构不合理，突出表现为产品供给与需求之间的矛盾。长城旅游景点是既定的，但是游客是未定的，在旅游旺季，人头攒动，人挤人的旅游体验并不好；但在旅游淡季，景点又会出现门可罗雀的情景；而且来自不同地方的游客，人口统计学意义上的差异使其对景观的体验要求不一。这些都对旅游产品的结构优化提出了更高要求。

三、整体性开发意识偏弱，“点-轴”的聚合效应有待进一步提高

长城不单单是一条横亘在山间或田间的独立存在的遗迹或遗址，它所在的每一个区域随着时间的延展，形成历史、文化、生态等独特特征，这些区域特征与长城相互联系，形成所在区域内各种要素相互融合的复杂的开放性的综合体。长城文化和旅游产业带开发的整体性，一方面指以长城为视角的长城带的整体性开发，一方面指以区域为视角的长城起带动作用的区域经济的开发。最后，将各区域开发看作一个增长点，以长城为轴进行整合，形成经济发达的点、面结合的“点-轴”发展模型。因此，河北长城文化和旅游产业带开发，要跳出河北，融入京津冀一体化的发展中，融入大华北旅游区乃至东北亚旅游圈中，通过推动区域联合发展来提高河北长城旅游的吸引力和整体功能的发挥。

现阶段，河北省长城各景点文化和旅游开发不均衡，真正意义上的整体性开发难以实现。河北省目前开发的重心在发展较好的几个景点，以期先行开发形成可复制的经验，然后再进行其他景点开发。其实，各景点基础不一样，面临的问题有所差别，只是以点进行建设，有可能会形成强者更强、弱者仍弱的结果。目前，河北长城景点的开发大致可以分为三类：第一类是山海关、金山

岭、大境门等开发基础较好景点的开发。第二类是纳入区域旅游规划的喜峰口长城、白羊峪长城、潘家口水下长城等景点的开发。第三类是尚未开发出来的长城的开发，如保定的紫荆关、乌龙沟等长城。尤其是紫荆关，与倒马关、居庸关称为内三关，在长城史上占据重要的位置，却在开发中远远落后。笔者在考察过程中曾为此甚为惋惜。紫荆关长城没有导游，没有服务台，就连入口都需要四处打听才能找到。在长城文化和旅游开发时，这些长城的主要关口的基础设施的建设是不容忽视的。

旅游开发是一个系统工程，需要众多部门的携手合作才能取得成功。目前，河北省长城文化旅游开发情况有待改善，主要表现在：一是河北省内长城产业带的开发目前为属地开发模式，地区之间由于组织协调机制不健全，大多数地区单独制定旅游发展规划，河北长城文旅产业带并未发挥出地区纽带应有的作用。二是与北京、山西、辽宁、内蒙古等周边地区合作化开发有待加强。长城旅游产品同质化较高，竞争大于合作，在双赢模式的探索上，在长城差异化品牌建设等方面，有待进一步探索形成全国一盘棋式的发展模式。

四、讲好长城故事需求与核心竞争品牌不足之间的矛盾

习近平总书记提出，要讲好中国故事、传播好中国声音，向世界展现真实、立体、全面的中国，提高国家文化软实力和中华文化影响力。长城作为中华文明的重要象征、中华民族精神的重要标志，是讲好中国故事的重要部分。河北长城作为长城的重要组成部分，讲好长城故事，加强文化阐释的完整性、系统性和生动性，是长城保护、传承以及开发的内在之意。

讲好长城故事涉及至少两个问题，即讲什么和怎么讲。讲什么？主要是讲好长城所蕴含的文化价值和时代精神，讲好优秀传统文化的故事、新时代中国特色社会主义的故事以及具有中国智慧的全球故事，增强民族自信和文化自觉，沟通世界，增进世界对中国的了解。怎么讲，涉及讲述技巧和传播方式问题。简单来说，讲述最基本的元素有人物、情节和场景，讲述要能引发受众的情感共鸣。传播方式主要涉及信息触达的问题，不论采用传统传播方式还是数字化传播方式，选择最适合的传播方式和受众最易于接受的方式才是最重

要的。

讲好长城故事与构建长城品牌，二者是相辅相成的。讲好故事才能打造具有核心竞争力的品牌，品牌的打造在一定程度上会促进故事的讲述。品牌体系的构建是一项系统性工程，其中涉及品牌定位、品牌设计、品牌建设、品牌传播和品牌管理等环节。河北长城目前还没有形成统一的、典型的品牌体系，存在着长城产品同质化严重、各地发展不均衡、产品开发系统性思维欠缺等问题。再看周边，尤其是与北京长城旅游资源之间存在一定程度的雷同和可代替问题，这就弱化了河北长城旅游的品牌效应。好酒也怕巷子深。现阶段，河北长城文化和旅游品牌的宣传跟不上，信息达到大众的渠道有待畅通。例如，河北新闻报道河北省文化和旅游厅、河北省红色旅游协会联合编印的《红色热土英雄河北——河北省红色旅游手绘地图》正式发布，但是笔者不论从图书市场还是从网上电商均没有发现该书明确的获取渠道。对于资源的梳理，以及及时有效地通过各种渠道向公众进行宣传、推广，是一个完整的链条，如果不能让公众了解，资源的梳理就失去了意义。

满足讲好长城故事需求与解决核心竞争品牌打造不足问题需要从内发力，完善河北长城旅游品牌形象。第一，要对新时代文化和旅游产业消费者的需求进行了解，有效捕捉新客户，增加消费黏性。第二，加强对“长城故事”核心价值的提炼、研究与规划，减少同质化开发，有计划地发展不同特色区域的产品或体验项目，结合地域特色、历史文化等打造属于本地的长城特色品牌，形成差异化、创新性产品形态。第三，提升传播效能，适应科技发展趋势，加大资金投入，探索适合碎片化、移动化场景的传播方式；提升管理和服务意识，改变以观光旅游为主的低层次开发模式，加大体验项目开发力度，弱化旺季、淡季的界限，加强游客的持续消费习惯培养，避免出现“一流资源、二流开发、三流服务”所造成的游客流失，加强品牌吸引力建设。第四，加大对文旅人才的培养和引进，尤其是高端人才引进；实现品牌营销和主流价值观、社会精神引领的有效统一。

另外，新冠肺炎疫情暴发后，各地所采取的防控措施对旅游业产生了很大冲击，从业人员的信心与预期受到一定影响。在我国，旅游业作为劳动密集型产业，直接和间接从业人数超过 6000 万，2019 年我国旅游业总收入为 6.5 万亿元，2020 年新冠肺炎疫情让部分旅游从业人员就业环境无法得到保障，迫于生活压力，可能出现离职转行、另谋出路的现象。① 对于广大从业人员，如何留住人心、重拾信心、稳定队伍，对疫情后的行业迅速恢复十分关键。

面对发展困境，如何实现河北长城旅游产业带的突围发展，是时代带给我们的问题。

---

① 韦鸣秋、白长虹：《积极应对旅游业发展面临的挑战》，《光明日报》2020 年 2 月 24 日第 16 版。

第四章　河北长城文化和旅游产业带发展总体策略

河北境内长城主要依山脉建设，从北部张家口一直绵延至南部邯郸，跨越行政区划限制，空间上连成线，具有空间上的连续性、时间上的历史性、景观多样性、交通可达性等特点。同时，太行山独特的地形与地貌，形成了山岳、森林、湖泊等自然景观，与长城遗址、民俗风情、红色文化、宗教文化等互动交融，形成了多样性旅游资源。①

长城文旅融合最核心之处是抓住长城文物遗存和长城历史文化，在此基础上放开眼界，注重融合，多方面多层次开发长城旅游价值。长城文旅发展要和长城所在区域丰富多彩的文化相结合，众多的文物和文化遗产、相关历史文化资源、非物质文化遗产资源和丰富的自然景观，都是长城文旅融合发展的资源。河北省政府参事室特约研究员孙万勇曾表示，为盘“活”非遗文化，河北省应把握良好发展机遇，全面挖掘长城文化带的自然文化生态和产业资源，发挥长城文化带对精神文化、经济发展、生态建设等方面的重要带动作用，推动产业板块的有效衔接，精心谋划一批高品位的红色文化、绿色生态、商贸、民俗、旅游项目。②

河北省应以长城国家文化公园（河北段）建设为契机，加大投资力度，逐步探索长城文旅融合点、线、面的综合发展模式。2021 年 12 月，河北省印发的《长城国家文化公园（河北段）建设保护规划》指出，要以明长城为主线，

---

① 白翠玲：《太行山河北段长城旅游开发研究》，《河北地质大学学报》2017 年第 4 期。

② 吕若汐：《专家“把脉”！长城文化保护发展研讨会在北戴河举行》，河北新闻网，2019 年 9 月 28 日，https://hebei.henews.cn/2019-09/28/content_7482756.htm，访问日期：2023 年 1 月 5 日。

按照“核心点段支撑、线性廊道牵引、区域连片整合、形象整体展示”的原则，进行长城国家文化公园建设。文件中提出重点发展的“两带”，即燕山长城文化遗产带（含秦皇岛段、唐山段、承德段、张家口段，打造长城国家文化公园的核心形象带）、太行山长城文化遗产带（含保定段、石家庄段、邢台段、邯郸段、张家口段，打造山水复合型长城文化遗产带）。文件规划以山脉为主线，分主题打造长城国家文化公园。在《河北省长城风景道建设指南》中也提到，长城国家文化公园作为最具代表性的线性公园，要通过长城风景道将沿线关、隘、口、堡、传统村落、景点景区等文物、文化、生态资源进行串接、重组和整合，将长城国家文化公园融合成为一个整体，实现生态效益、经济效益、文化效益、社会效益的有机统一。

长城周边分布着丰富的红色文化资源、生态旅游资源以及乡村旅游资源。中国旅游研究院与“马蜂窝”自由行大数据联合实验室共同发布的《中国红色旅游消费大数据报告（2021）》显示，2021 年“马蜂窝”网站红色旅游搜索热度较上年同期增长 176％。其中，京津冀红色旅游区的搜索热度增长最高，同比增加 240％。参与调查者中，超过 40％在 2021 年参加红色旅游的次数在 3 次以上，40％以上经常自主选择红色景区参观学习。长城红色旅游的深度开发有着积极的时代和实践意义。另外，河北作为全国唯一兼有高原、山地、丘陵、平原、湖泊和海滨的省份，景色优美、独具文化特色的生态旅游资源丰富，长城文化与生态资源的结合将会成为河北打造长城河北段品牌的主要助力。再者，随着社会经济发展，回归自然、放松身心成为越来越多人的选择，乡村旅游的热度一度攀高。根据河北省旅游统计数据，“十三五”期间，河北省乡村旅游快速发展，全省共有 1650 个村开展乡村旅游，35 个村被评为全国乡村旅游重点村，乡村游接待人数从“十二五”末的 0.7 亿人次增至 2.05 亿人次，占河北旅游接待总量的 27％；综合收入从“十二五”末的 150 亿元增至 442.4 亿元，年均增长超过 40％，30 多万乡村群众增收致富。因此，长城文旅产业带发展应借助周边旅游资源进行融合项目开发。

我国社会主要矛盾已经转变为人民日益增长的美好生活需要和不平衡不充分的发展之间的矛盾。人民对美好生活的要求不断提高，带动国内旅游市场需求呈现新趋势、新变化，河北长城文化和旅游产业带发展应以整体性发展为方向，与红色、生态、乡村旅游相互融合，聚合周边资源盘活长城文化资源，使长城文旅建设迸发出新的活力。为此，将长城作为一个完整的文化、产业和生态轴带，突破行政界限，从红色教育文旅产业带、绿色生态发展产业带、乡村振兴示范带几个方面，对河北长城文化和旅游产业带进行立体开发是可行和合理的。

一、河北长城红色教育文旅产业带

长城在抗日战争史上具有重要的地理纪念意义。1933 年日本侵略者侵入华北的时候，结合长城的防御工事，中国军队进行了著名的长城抗战。秦皇岛榆关抗战，揭开了长城抗战的序幕。热河失守之后，中国军队退至长城各隘口据险固守。长城抗战的主战场包括东线的迁安冷口战场、中线的喜峰口战场和西线的古北口战场。长城古代的防线作用在抗日战争时期重新显现，长城成为延缓日军侵略华北的屏障和节点，见证了中国人民顽强不屈的抗战精神。

据《中国红色旅游发展报告（2022）》显示，我国红色旅游发展持续向好。2019 年较 2004 年，全国红色旅游接待人数实现 10 倍增长，2019 年达到 14.1 亿人次。尽管 2020 年新冠肺炎疫情暴发带来冲击，但红色旅游仍表现出较强的韧性。2021 年上半年，全国红色旅游总人次较 2019 年增长 268.8%。

广泛开展爱国主义教育活动有利于弘扬以爱国主义为核心的民族精神和以改革创新为核心的时代精神，而红色教育基地是进行爱国主义教育最生动的材料和有效的载体。深入实地，在场景中身临其境地感悟学习，有利于陶冶革命情操，弘扬民族精神，升华爱国主义情感，增强民族认同感。

（一）河北省长城及周边红色旅游资源丰富、文化底蕴深厚

红色旅游相较于传统的自然景观旅游，是一种新型的主题旅游形式，是指以革命纪念地、纪念物及其所承载的革命精神为吸引物，组织接待游客进行参观游览，实现学习革命精神、接受革命传统教育和振奋精神、放松身心、增加阅历目的的旅游活动。主要表现为两个方面的“结合”特征，即红色文化与自然景观的结合，革命传统教育与旅游产业的结合。将爱国主义教育融入日常的

旅游当中，旨在引导游客在观光的同时，以红色精神涵养爱国主义情怀。加强红色文化旅游开发既可以促进当地旅游产业的发展，也可以加强文化教育，实现经济与社会的“双发展”。长城沿线有着丰富的红色旅游资源，联动发展，将会提升长城的品牌魅力，丰富长城旅游内涵。

河北长城的红色教育资源丰富。2016年，由国家发展改革委、中宣部、财政部、旅游局等14个单位联合发布的《全国红色旅游经典景区名录》中河北省的景区有：石家庄市平山县西柏坡红色旅游系列景区（点），石家庄市华北军区烈士陵园，邯郸市红色旅游系列景区（晋冀鲁豫烈士陵园、武安市晋冀鲁豫中央局旧址、涉县八路军一二九师司令部旧址），保定市红色旅游系列景区（留法勤工俭学运动纪念馆、阜平县城南庄晋察冀军区司令部旧址、易县狼牙山风景区、安新县白洋淀景区、清苑区冉庄地道战遗址、唐县白求恩柯棣华纪念馆、涞水县野三坡平西抗日根据地、高阳县布里留法工艺学校旧址、高阳县高蠡暴动烈士陵园及纪念馆、涞源县雁宿崖黄土岭战斗遗址、顺平县冀中军区抗战后方基地），唐山市红色旅游系列景区（乐亭县李大钊故居和纪念馆、丰润区潘家峪惨案纪念馆），唐山市开滦矿山博物馆，唐山市唐山地震遗址纪念公园，唐山市迁西县喜峰口长城抗战遗址，邢台市邢台县中国人民抗日军事政治大学陈列馆，邢台市邢台县前南峪村，沧州市献县马本斋烈士纪念馆，承德市隆化县董存瑞烈士陵园及纪念馆，承德市宽城满族自治县，张家口市张北国防教育基地，张家口市红色旅游系列景区（晋察冀军区司令部旧址、察哈尔烈士陵园、察哈尔省民主政府旧址、察哈尔民众抗日同盟军烈士纪念塔）。①

河北省文化和旅游厅曾推出红色长城旅游线路：秦皇岛市山海关景区—唐山市潘家峪惨案纪念馆—迁西县喜峰口长城抗战遗址—宽城满族自治县王厂沟冀东抗战遗址—滦平县金山岭长城—赤城县平北抗日革命根据地（大海坨）—张家口市张北国防教育基地—张家口市大境门—张家口市察哈尔烈士陵园、察哈尔省民主政府旧址、察哈尔民众抗日同盟军烈士纪念塔。

下面沿长城线路，以长城较为集中段列举红色旅游资源：

---

① 参阅《关于印发全国红色旅游经典景区名录的通知》（发改社会〔2016〕2662号）。

1. 秦皇岛长城周边红色旅游系列景点

秦皇岛长城资源丰富，所推出的红色旅游线路有：

山海关古城景区（市级爱国主义教育基地）—长城博物馆（国家级爱国主义教育基地）—乐岛景区（国家 4A 级景区）—老龙头景区（国家 5A 级景区、省级爱国主义教育基地）

海港区板厂峪景区（市级爱国主义教育基地）—房庄村（省级乡村旅游重点村）—长城旅游公路—玻璃博物馆（省级爱国主义教育基地）—秦皇求仙入海处（国家 4A 级景区）

抚宁区博物馆（爱国主义教育基地）—西单庄烈士陵园（红色展馆）—白家堡子艰苦奋斗教育基地—界岭口村（抗战村史馆）

祖山景区（国家 4A 级景区）—花果山村（国家乡村旅游重点村）—花场峪村抗战纪念馆—大森店村（乡村旅游）—冷口温泉

界岭口村是抚宁区的一个小村庄，被评为河北历史文化名村，站在村庄入口处可以看到附近山上的长城似一条长龙蜿蜒直上，非常壮观。冷口温泉是清代“口外八景”之一，位于秦皇岛青龙满族自治县与唐山迁安两地交界处，被保存较好的明长城三面环绕。

2. 唐山长城红色旅游系列资源

2022 年，文化和旅游部发布 8 条长城主题国家级旅游线路，其中长城红色精神传承之旅涉及唐山喜峰口长城抗战遗址、罗文峪长城抗战遗址以及冷口关长城抗战纪念馆。

喜峰口长城抗战遗址——喜峰雄关大刀园，位于唐山迁西县。喜峰口是万里长城的重要关口之一，是 1933 年爆发的轰动国内外的长城抗战的主战场，见证了国民革命军同日本侵略军浴血奋战的历史。根据这里发生的大刀队的故事，著名音乐家麦新创作了《大刀进行曲》。

罗文峪长城位于唐山遵化市城区以北大约 10 公里处。抗战时期，中国军队在这里对日本侵略者进行了奋勇抗击。依托罗文峪长城抗战遗址，唐山建设了以罗文峪长城抗战陈列馆为核心的长城抗战文化公园。

冷口关原名“清水明月关”，位于喜峰口至山海关之间，战略位置重要，同时也是沟通长城内外的交通要道。1933 年 3 月，这里爆发了长城抗战。冷口关长城抗战纪念馆于 2016 年开馆，位于迁安市建昌营镇北冷口村。

3. 承德长城红色旅游系列资源

承德曾推出红色研学路线：蟠龙湖景区（国家 3A 级景区）—长城抗战主战场喜峰口长城—宽城孟子岭乡王厂沟村（爱国主义教育基地）；金山岭长城国歌广场—金山岭长城—古城川庄园小镇；董存瑞烈士陵园—枫水森林温泉城；塞罕坝国家森林公园—塞罕坝纪念馆—七星湖、桃山湖。

4. 张家口长城红色旅游系列资源

张家口曾推出长城相关红色旅游线路。例如：

涿鹿县丁玲纪念馆—怀来县董存瑞烈士纪念馆—赤城县平北抗日根据地纪念馆—野狐岭要塞旅游区—桥西区大境门景区

蔚县蔚州博物馆、飞狐峪·空中草原景区—宣化区宣化古城、假日绿岛—万全区万全卫城、“八〇二”观礼台—桥西区大境门、张家口堡、檀邑溪谷文化园

文化和旅游部发布的 8 条长城主题国家级旅游线路中，有 4 条线路涉及张家口市长城重要点段。长城文化遗产探访之旅涉及明长城大境门段大境门景区；长城冬奥冰雪运动之旅涉及大境门景区、太子城考古遗址公园、崇礼长城、国家越野滑雪中心；国家冬季两项中心、国家跳台滑雪中心；长城多元文化体验之旅涉及大境门、喜峰口、来远堡等；长城古城新貌发现之旅涉及宣化区古长城。

5. 保定长城红色旅游资源

长城主题国家级旅游线路之长城红色精神传承之旅，包含了河北省 5 个红色遗存景点及景区，其中保定有 2 个，即涞水县野三坡平西抗日根据地、涞源县雁宿崖黄土岭战斗遗址。

野三坡平西抗日根据地位于野三坡百里峡景区。野三坡是革命老区，抗日战争时期是平西抗日根据地的中心腹地。平西即北平（今北京）以西，东北临平绥（京张）铁路，东南至平汉铁路。抗战时期，根据地军民开展了艰苦卓绝的反“扫荡”战斗，刘家河革命烈士陵园长眠着很多英雄，鸡蛋坨五勇士纪念碑见证了悲壮的历史。目前，景区内革命遗迹保存完好，分别是冀热察区党委

旧址、挺进军司令部、挺进剧社、挺进军兵工厂等红色旧址。这里还是红歌唱响的地方，《没有共产党就没有新中国》的最早词、曲就是由挺进军剧社成员曹火星创作的。

涞源县雁宿崖黄土岭战斗遗址，见证了黄土岭战斗的伟大胜利。1939 年 11 月 3 日，在雁宿崖伏击战中，八路军全歼日军 500 余人。11 月 4 日，侵华日军中将阿部规秀率领 1000 多人前来报复，八路军诱敌深入，使日本侵略军遭受重创。11 月 7 日，正在指挥作战的阿部规秀被八路军迫击炮击毙。11 月 8 日，雁宿崖黄土岭战斗胜利结束。这是自抗战以来中国军队击毙日军军衔最高军官的一次战斗，是敌后抗战的重大胜利。

（二）河北长城红色旅游资源开发秉持的原则

1. 在开发长城红色旅游资源时要增强社会责任感和历史使命感

河北长城红色旅游将作为文化遗产的长城和革命红色历史相结合，具有重要的政治、经济、文化意义。从政治上来说，长城精神和革命精神的结合有助于增进团结；从经济上来说，新的开发角度，有利于实现跨越式发展；从文化上来说，可创新文化表达形式，增强文化的地域特色，丰富文化的内涵和意义。在开发实践中，存在三类问题，即如何从服务于政治文明和精神文明的高度规划和开发好红色旅游资源；如何把对红色旅游资源的特殊属性的认识体现在资源规划和开发的实践中；如何降低红色旅游资源的不可再生性带来的巨大探索成本。① 现实问题要求相关主体树立高度的社会责任感和历史使命感，以进行长城红色旅游资源的挖掘与开发。

2. 坚持把社会效益放在首位的原则

旅游开发既涉及经济效益也涉及社会效益。河北长城红色旅游资源作为特殊的资源形式，其开发需要将社会效益放在首位，要从是否有利于丰富游客精神生活、是否有利于促进社会文化的发展等角度出发。当然作为产业，经济效益的考量也是需要肯定的，作为旅游产品获得的市场利益是推动产业可持续发展的主要动力。将社会效益放在首位不是说不考虑经济效益，而是要将社会效

① 马进甫、宋振美：《简析红色旅游资源的特征及其开发策略》，《北京第二外国语学院学报》2006 年第 1 期。

益与经济效益相统一，实现二者的相互促进，最大限度实现社会效益和经济效益的双赢。

3. 坚持河北长城红色旅游资源开发的可持续性原则

这是要求处理好当前和今后的关系。只有避免涸泽而渔的短视行为，保持旅游资源的可持续性，才能实现良性发展。长城是历史留给我们的宝贵遗产，具有较高的文化、审美、历史等价值，但它又具有脆弱性和不可再生性，一旦破坏，造成的后果是不可逆转的。长城红色旅游资源的开发要将保证资源的可持续性作为根本，在保护资源本体的基础上，创新旅游的方式方法，进行合理且有效开发。

4. 坚持统筹规划、协调发展、绿色发展的原则

河北长城红色旅游涉及面广，是一项系统工程。既有横向的联结，包括与政府规划、交通、环境、文物等部门对接，也有纵向的要求，即要融入当地历史文化持续发展的序列，保持区域特色的一致性。这要求我们对长城红色旅游的开发要坚持五大发展理念，即创新、协调、绿色、开放、共享。因此，要通过创新驱动，谋求发展新思路。通过协调不同层面的发展，将长城红色旅游作为系统工程有机整体的一部分，在独立性与整体性相统一的基础上推进发展。在协调推进的过程中，要坚持绿色发展原则，也就是强化尊重自然、传承历史、绿色低碳等理念进行开发。

（三）河北长城红色教育文旅产业带开发的意义

1. 推动爱国主义教育

首先，长城厚重的历史本身携带着丰富的爱国主义因子，与红色革命历史的结合，为爱国主义教育提供了更加丰富的资源，成为有效进行思想政治教育的宝贵教材。其次，有助于丰富爱国主义教育的途径和方式。爱国主义教育的成效发生在精神层面，只有入眼、入心，才能真正内化到游客的价值认知层面。长城红色资源的开发可提高教育场景和教育方式的丰富性。可歌可泣的故事，坚韧不屈的精神，斗智斗勇的谋略，形成独特的长城红色文化，带领人们感受抗战历史，在共鸣与共情中增强爱国热情。

2. 丰富长城的整体形象

抗战精神构成了长城精神熠熠生辉的一部分。英勇无畏的抗争精神，以及为了祖国不惜抛头颅洒热血的民族精神镌刻到长城的概念中，赋予了长城新的解读方式，丰富了长城形象。

3. 对河北省文化旅游业发展起着促进作用

长城红色旅游，是围绕长城和红色资源，做好旅游文章，对发展文化旅游起到促进作用。长城作为著名的人类文化物质遗产，在国内外享有较高的声誉，以长城为切入点的旅游对于游客有非常大的拉动作用。尤其是当前进行的长城国家文化公园建设，将推动河北的文旅产业更上一层楼。另外，长城红色资源所蕴含的文化是河北文化旅游重要的精神内核，长城红色资源为文化旅游发展提供了新引擎、新动力，有助于河北文化旅游项目的创新和开发。

（四）河北长城红色教育文旅产业带开发策略

1. 尊重史实，发展河北长城红色文旅资源

红色旅游资源与党的历史息息相关，首先要在尊重史实的情况下进行开发。这就要求发挥党史研究机构的重要作用，对所开发的长城红色旅游资源的内容进行严格把关，使开发内容符合史实，杜绝编造历史、虚假营销。历史资源的挖掘是开发长城红色旅游的基础，要走进历史，走到群众中去梳理历史资源，以专业的精神去核对，做好开发的第一步。

2. 加大对旅游设施的投入，进行适度开发

由于河北大部分长城分布在农村，尤其是一些革命老区，经济发展较为落后，配套基础设施不健全，严重影响了产业的发展。因此，首先应从食宿等基础设施入手，在规划的基础上加大投入力度，而这完全依靠地方财政来改善有不小的难度，需要国家通盘考虑，对一些落后地区进行必要的投资和政策倾斜。其次要发挥地方政府的主观能动性，寻找合适的融资渠道，与本地自然人文景观相适应，突出地方特色进行建设，对长城红色旅游在呈现方式上进行多角度开发。

3. 挖掘长城红色资源潜在内涵，开发多种形式的旅游产品

以长城为轴线，将散落在长城周边的红色故事串联起来，打造体系化的网

状旅游线路以及开发多形式的旅游产品是长城红色旅游资源开发的内在要义。

开发红色旅游必须以红色为基调，在此基础上围绕价值重构挖掘红色资源潜在内涵。李晓琴等认为，价值重构包含要素、形式、功能、环境等基本维度及相对应的路径。具体来说，要素维度是对红色历史、红色遗址遗迹等的修复、重建，将社会主义先进文化、优秀传统文化和时代精神纳入红色文化资源体系之中，拓展红色文化资源的时代元素；形式维度主要指以科技创新使非物质形态的红色文化资源具象化、动态化；功能维度的重构在于根据社会发展需求对相关功能进一步升华和调整，如推动红色文化资源原有文化宣传功能向文化自信功能升华；环境维度的重构既保留红色文化资源的历史特质，又衍生红色文化资源的时代价值。① 总的来说，是将传统文化、科技力量、时代精神融入红色资源内涵的挖掘中，形成多形式的独特且蕴含教育意义的红色文化产品。

4. 加大研发力度，丰富河北长城红色旅游文创产品

融合创新，催生文旅深度融合新业态。通过原创设计将传统文化元素与旅游商品结合。例如，承德避暑山庄旅游集团注重文创产品开发，围绕“皇家”元素，研发“避暑山庄乾隆游系列”“避暑山庄经典系列”“双品牌合作系列”“视觉识别系统延伸系列”4 个系列近 400 款特色旅游商品。在产品研发过程中，注重将其与市场需求和日常生活相融合。河北省曾在《关于促进全省文创商品、旅游消费品与旅游装备制造发展的实施意见》中大力推进冰箱贴等文创和旅游商品研发工作。河北长城红色旅游文创产品开发首先要组建文创团队，以当地特色资源为基础，确立文创研发的核心元素，然后以发散思维将核心元素具体形态化到产品上。

5. 从多方面带动相关产业发展

除了文创产品，还可从以下几个方面带动相关产业发展：

首先是产业联动。可以河北省长城红色旅游资源为中心，延长产业链，扩展产业面，充分释放长城的 IP 价值，推动相关产业的一体化发展，如与农业、工业、康养、体育、教育等相关产业深度融合发展。其次是以新型文化产品开

---

① 李晓琴、银元、何成军：《新时代红色文化资源的价值重构：驱动、内涵与科学问题》，《西南民族大学学报（人文社会科学版）》2022 年第 1 期。

发为契机，推动长城红色文旅与 VR、AR、动漫游戏、网络音乐、数字艺术等的融合发展。最后是带动不同旅游方式和产品呈现方式发展，如开展演艺娱乐、节庆展览等活动。张家口形成的集冰雪运动、装备制造、度假旅游、产业服务于一体的冰雪运动产业链发展经验对此具有借鉴意义。

6. 发挥农村党支部力量，发挥旅游开发基层堡垒的作用

河北长城红色旅游资源在农村的较多，要想发展好，离不开当地相关力量的支持。党支部是党工作的基本单元，在基层工作中发挥着战斗堡垒的作用。在旅游开发活动中，应注重发挥农村党支部“领路人”的作用，使其团结带领党员和群众，完成各项工作和任务。首先，针对农村党支部存在的问题，加强党的教育，加强组织建设。其次，提高党支部的管理能力和处理问题的能力。最后，开展交流和培训，开阔党员、群众视野，使其明确自身职责和发展思路。

7. 产权规划和法规建设是制度保证

根据实际需要和国家相关法规政策，进行制度建设，保护合法行为，打击违法犯罪行为，有效避免不合规的或者失序现象的发展，才能处理好旅游开发与资源保护的关系，处理好政府部门与市场主体的关系，为河北长城红色资源的有序开发和良性发展保驾护航。同时，还需要做好产权规划，明晰红色旅游资源的产权，创立资源开发、产品营销的权利和责任对称的产权制度，完善产权的激励和约束机制，保护市场主体，激发发展活力。

8. 借助互联网优势，打造长城红色旅游的数字化平台

新冠肺炎疫情期间，为扩大文化旅游产品有效供给，河北省旅游经典景区利用直播等形式纷纷推出系列线上产品，如 2020 年金山岭长城启动“云赏花”活动，产生了良好的宣传、推广效果。另外，北京八达岭长城的全域旅游数字化生活新服务长城内外平台值得借鉴。八达岭长城通过整合长城及周边资源，打造一体化的网络服务体系，提供一站式服务，使管理更加高效，服务更加智能，营销也更加精准。河北省也在不断加强长城旅游数字化探索创新。目前，河北省可阅读长城数字云平台已上线，山海关、金山岭、大境门等长城重要景点初步建成可观看、阅读、体验的数字化线上空间。

（五）河北长城红色教育文旅产业带开发路径

1. 确立资源开发模式

（1）文化保护式开发

文化保护式开发是针对重大且不可再生的自然资源遗产等进行开发的模式。这类资源具有不可再生性，大部分只能进行观光旅游和文化科普教育旅游开发。如敦煌莫高窟、北京故宫的开发，属于典型的保护式开发。长城红色旅游资源开发过程中，涉及长城主体部分时，也应采取此种开发模式。

（2）文化“嫁接”式开发

嫁接本来是植物人工繁殖的方法之一，指将一种植物的枝芽嫁接到另一种植物上面，实现品种的优化。文化“嫁接”是指将文化进行融合，有着它山之石可以攻玉的意味。如主题餐厅、主题商业街、主题客栈等文化产品开发模式。大唐不夜城就是嫁接了唐代文化打造的仿古商业街；古北水镇嫁接了江南水乡的文化特色；等等。河北长城红色教育文旅产业带开发需要将长城红色历史文化与当地环境和特色文化相结合，施行文化嫁接式开发。比如，张家口长城红色文旅开发应与张家口当地草原特色、多民族特色相结合，展现出雄浑壮阔的风采。秦皇岛长城红色文旅的开发应与海洋气候、海洋文化相结合，将山海关长城以及周边的红色资源，与地方特色进行融合。

（3）文化博物馆展览式开发

作为国家公共文化服务体系组成部分的博物馆是征集、典藏、陈列和研究自然和人类文化遗产的代表性实物的场所，对文化保护、传承有着重要意义。河北长城红色文旅开发，应以红色文化精神为主导，将展品与博物馆整体空间风格协调融合。可以将红色抗战资源进行博物馆展览，收集抗战时期的遗物、文书、照片等进行展览，并配合讲解员介绍；还可以在博物馆中进行抗战影视作品和珍贵影像资料的展览。

博物馆不仅仅指再建的建筑，很多天然的地方也可成为文化的博物馆。如江西瑞金，以红色资源为抓手打造开放式的没有围墙的红色博物馆。河北长城红色文旅开发可将长城与革命历史资源深度融合，利用旧居、旧址、革命故事等对长城进行主题化开发。

（4）文化演艺化开发

文化演艺是指依托传统的非物质文化遗产，包括舞蹈、传说、戏剧、曲艺、音乐、美术、工艺等，以吸引旅客观看和传承文化为目的，在旅游景区、主题公园或其他场所上演的各种文化表演、文化节目、仪式、观赏性文化活动等。目前，实景演出也成为各大景区的标配，在现代声光电技术营造的舞美背景下，展现一段与景区有关的历史或者文化，让游客获得浸润式的文化体验。当前，可以借鉴的有桂林山水实景演出《印象·刘三姐》，杭州宋城景区的《宋城千古情》，以及《印象·丽江》《印象·西湖》等。

河北长城红色教育文旅景区可以排演抗日题材话剧，还原当时的抗战情境，激发群众爱国意识和感情。例如，潘家峪红色剧团以爱国主义教育示范基地建设为依托，发动政府、专业团体、群众等各方面力量，排演红色曲目，受到游客欢迎。

2. 打造河北长城红色教育文旅产业增长极

以产业化开发打造经济增长极，是区域经济发展的迫切要求。文旅产业化首先要尊重市场规律，重视目标群体的内在需求，以此为导向进行合理开发。其次要打造完整的产业链，对文旅资源进行横向跨行业、跨领域的拓展和纵向上、中、下游各环节的延伸，增强辐射力和竞争力。最后要注重培养研发团队，打造有特色的文旅产业。

河北长城红色教育文旅产业化开发要提供优质的旅游内容和配套服务，如提供安全卫生的特色民宿、地方小吃，开发红色文创商品，举办景区红色文艺会演，将不同领域的相关要素整合开发，实现经济效益和社会效益的统一。从生产端到商品端，再到价值教育端，形成良性循环的产业链，使长城符号与红色符号以及学校教育、企业文化等相结合。例如，全国红色旅游经典景区潘家峪充分发挥资源叠加的吸引优势，将红色旅游文化景观与绿色生态旅游相结合，发展集休闲、度假、采摘、娱乐于一体的农家乐，景区年接待游客 30 多万人次。①

---

① 杨涛：《河北丰润：文旅融合让革命老区焕发新生机》，中国网，http://union.china.com.cn/jdnews/txt/2019-12/20/content_41005249.html,访问日期:2023 年 1 月 5 日。

3. 从点到轴，协同推进河北长城红色教育文旅产业带发展

将红色文旅产业串联起来，打破区域限制，以长城红色教育为主题，各方力量协同推进产业带发展。首先，加强系统规划，在国家和当地政策的助推下，根据长城及红色资源分布情况，从地点、时间、费用、特色、食宿、活动等方面精心考量，设计相关旅游线路。其次，加强产业带同质化管控，以特色差异增强产业带发展的内生动力。在长城红色教育主题下，实现不同区域不同特色开发，使游客在主题旅游中时刻保持新鲜感。各地红色历史故事的不同、历史讲述方式的不同、文化饮食的不同、住宿环境的不同等都可以成为开发的亮点。最后，实现红色资源与长城文旅产业的深度融合，利用数字技术，创新旅游形式，增强旅游体验的深刻性，使游客在不知不觉中实现游中学、学中游。

二、河北长城绿色生态发展产业带

旅游业要在生态文明建设中真正发挥作用，自身也必须来一场“绿色革命”，走绿色、低碳、协调发展的道路。① 绿色生态发展带来绿色文化，倡导可持续发展的理念，生态旅游是与此相关联的一个概念。一般来说，我们认为生态旅游是以可持续发展为理念，以实现人与自然和谐为准则，以保护生态环境为前提，依托良好的自然生态环境和与之共生的人文生态，开展生态体验、生态认知、生态教育并获得身心愉悦的旅游方式。② 不论国内还是国外，对生态旅游的定义，其核心关键词都是保护、责任和道德。

河北长城周边景色优美，一些长城区段离开发相对成熟的自然风景区很近，有利于与周边绿色生态发展联动，有助实现长城文旅产业带的发展。长城绿色生态文旅产业带发展主要包括长城周边自然资源以及非物质文化遗产等自然和文化形态与长城的组合发展。传统旅游与生态旅游的区别如表 2 所示。

① 《专家建言河北省生态文明旅游论坛 旅游业也需要“绿色革命”》，中国新闻网，http://www.chinanews.com/cj/2018/07-18/8571738.shtml，访问日期：2023 年 1 月 5 日。

② 《发展改革委 旅游局关于印发全国生态旅游发展规划（2016—2025 年）的通知》，http://www.gov.cn/gongbao/content/2017/content_5194900.htm，访问日期：2023 年 1 月 5 日。

表 2 传统旅游与生态旅游的区别①

	传统旅游	生态旅游
目标	利润最大化 价格导向 休闲为基础 文化与景观资源的展览	适宜的利润与持续维护环境资源的价值 价值导向 以自然为基础的享受 环境资源和文化完整性展示与保育 开发商、旅客、当地社区和居民分享利益
受益者	开发商和游客为净受益者 当地社区和居民的受益与环境代价相抵所剩无几或入不敷出	开发商、游客、当地社区和居民分享利益
管理方式	游客第一，有求必应 渲染性的广告 无计划的空间拓展 分片分散的项目 交通方式不加限制	自然景观第一，有选择地满足游客要求 温和适中的宣传 有计划的空间安排 功能导向的景观生态调控 有选择的交通方式
正面影响	创造就业机会 刺激区域经济增长，但注重短期利益 获取外汇收入 促进交通、娱乐和基础设施的改善 经济效益	创造持续就业的机会 促进经济发展 获取长期外汇收入 交通、娱乐和基础设施的改善与环境资源保护相协调 经济、社会和生态效益的融合
负面影响	高密度的基础设施和土地利用问题 停车场占用空间和机动车产生的大气污染问题 水边开发导致水污染问题 乱扔垃圾导致脏乱 旅游活动打扰居民和生物的生活规律	短期内游客数量较少，但趋于增加 交通受到管制（多数情况下，不允许使用机动车） 水边景观廊道建设阻碍了水边的进一步开发 要求旅客将垃圾分类收集，游客行为受到约束 游客的活动必须以不打扰当地居民和生物的生活为前提

① 吕永龙：《生态旅游的发展与规划》，《自然资源学报》1998 年第 1 期。

（一）河北省长城绿色生态产业资源分布

1. 长城周边的自然资源景点分布情况

保定：野三坡、白石山、清西陵、狼牙山等。

张家口：官厅湖、鸡鸣驿、蔚县古城、坝上草原、崇礼长城岭滑雪场、翠云山滑雪场、野狐岭古战场、赤城温泉、黑龙山国家森林公园、蔚县代王城遗址、天漠等。

唐山：清东陵、月坨岛、凤凰山公园、大成山公园、南湖公园、五虎山旅游区、青山关、白羊峪、灵山、红峪溶洞、云山峡谷、山叶口、金银滩浴场、景忠山等。

承德：丰宁坝上草原、茅荆坝原始森林谷、京北第一草原、木兰围场、雾灵山、平泉辽河源头等。

秦皇岛：北戴河风景名胜区、南戴河度假旅游区、祖山原始森林峡谷、鸽子窝公园、昌黎黄金海岸等。

鉴于资源的丰富性，下面着重介绍一下承德市、张家口市、保定市涞水县野三坡、承德市兴隆县等地的绿色生态资源情况。

（1）承德市

承德是生态大市，全市森林面积3417万亩（1亩约为667平方米），水资源丰沛，拥有万顷疏林草原——御道口风景区、距北京最近的天然草原——京北第一草原等一大批优秀自然资源。承德将围场满族蒙古族自治县、丰宁满族自治县、御道口牧场管理区等坝上地区，作为第三届河北省旅发大会的主承载区，重点发展行宫酒店、特色小镇、飞行基地等旅游新业态，全面呈现水的源头、云的故乡、花的世界、林的海洋生态旅游目的地。结合皇家符号，建设了御道口行宫、永太兴行宫、海留图行宫等三大行宫，以及康熙饮马驿站、乾隆行围驿站、天成号驿站、鱼儿山驿站、皇封山驿站五大驿站。①

（2）张家口市

张家口绿色资源丰富，全市森林覆盖率50%以上，国家森林城市动态监

① 陈宝云：《展开生态旅游绿色发展画卷》，《河北日报》2018年7月18日。

测结果显示，张家口空气质量在国内名列前茅。近年来，张家口全力构建五大绿色体系，即绿色生态为基础、绿色城镇为载体、绿色产业为支撑、绿色能源为动力、绿色交通为血脉，在青山绿水间实现生态与经济的协调发展。同时，张家口注重加强文旅产业发展，以京张体育文化旅游休闲带为牵动，打造文化旅游精品线路，发展“冰雪＋旅游”“冰雪＋文化”等新业态，打响“大好河山”文旅品牌。①

（3）野三坡

野三坡位于河北省涞水县，临近紫荆关，为世界地质公园、国家级风景名胜区、国家5A级旅游区。野三坡以“雄、险、奇、幽”著称，是一座天然的地质博物馆，历史上多次强烈的构造运动和岩浆活动造就了景区内类型多样、独具特色的地质遗迹。这里的百里峡被誉为“天下第一峡”，有“老虎嘴”“一线天”“天生桥”、涌泉飞瀑等景观，这里也是电视剧《三国演义》华容道的取景地。野三坡百草畔现有种子植物92科1000余种、蕨类植物15科近100种、脊椎动物159种，其中国家重点保护动物15种，堪称“天然的植物王国”“野生动物乐园”。龙门天关景区地质遗迹独特，有1.18亿～0.918亿年前形成的花岗岩组成的巨大断层峡谷，有华北地区最大的石刻群——摩崖石刻。这里的鱼谷洞景区有着天然形成的奇泉怪洞，因每年谷雨前后从泉口向外涌鱼而出名。拒马河是河北省内唯一一条长年不断的河流，拒马河景区风光旖旎，有“沙蟒拦路”“石猴戏水”“石门顿开”“天桥拱立”“悬崖栈道”“孩童闹学”等“下庄八景”。此外，野三坡还有火秀剧场大型实景演出，表演恢宏震撼。

（4）兴隆县

兴隆县位于河北省东北部、承德市最南端，是河北省22个环京津市、县之一，是环首都14个重点县之一，也是承德市唯一一个既环北京又环天津的县。作为“九山半水半分田”的石质山区县，2019年兴隆县被授予第三批国家生态文明建设示范县称号，成为河北省首个获此荣誉称号的县。兴隆县毗邻京津，承担着“京津冀”水源涵养、生态支撑的重要任务和历史使命，坚持走

---

① 《关注：张家口全力建设绿色发展生态强市》，《河北日报》2020年2月3日第10版。

生态优先、绿色发展之路。兴隆县绿色生态资源丰富，著名景点有兴隆溶洞、兴隆山景区、天子山、奇石谷、雾灵山国家级自然保护区等，兴隆县以生态观光、休闲康养、民俗风情等业态为重点，走出了独具特色的生态发展之路。①

2. 长城沿线的非物质文化遗产统计

长城绿色生态发展既包括自然生态发展，也包括文化生态发展。非物质文化遗产诠释了人与自然、人与人之间的和谐发展。长城周边的非物质文化遗产资源的开发和建设也是长城国家文化公园建设不可或缺的一部分。

据统计，河北段长城沿线省级以上非遗项目 277 项。按项目等级划分，列入联合国教科文组织非物质文化遗产名录的项目共计 2 项，列入国家级非遗代表性名录的共计 40 项，列入省级非遗代表性名录的 237 项；类别方面，民间文化类共计 20 项，传统音乐类共计 35 项，传统舞蹈类共计 4 项，传统戏剧类共计 38 项，曲艺类共计 11 项，传统美术类共计 14 项，传统游艺和杂技类共计 22 项，传统技艺类共计 55 项，民俗类共计 58 项。②

河北段长城沿线部分文化资源分布见图 2。

---

① 李小宇、赵震：《河北兴隆：坚持绿色发展 厚植生态文明底色》，中国网，http://travel.china.com.cn/txt/2019-11/26/content_75448005.html，访问日期，2023 年 1 月 5 日。

② 曹铮、史晓多：《长城脚下话非遗》，《河北日报》2020 年 8 月 14 日第 009 版。

图 2　河北长城沿线部分文化资源分布图

十里不同风，百里不同俗。一方水土养一方人。长城周边具有地域特征的非遗文化资源是对长城文化的有力诠释。将非遗文化与长城旅游开发结合起来，增加旅游的知识性、趣味性，可满足人们从“有没有、缺不缺”向“好不好、精不精”转变的旅游需求。

（二）河北长城绿色生态产业带开发的原则

1. 坚持保护优先，协调发展

绿水青山就是金山银山，我们要像保护自己的眼睛一样保护生态环境。如果生态环境遭到破坏，最终受到影响的还是人类。人是自然中的人，生存离不开自然环境。因此，资源开发要确立绿色生态发展导向，将保护放在第一位。河北长城沿线绿色生态资源分布广泛，开发时要注重促进人与自然和谐共存，强化责任意识，培养环保理念，开发生态旅游，实现良性循环发展。

2. 使用绿色能源，发展节能创新旅游业

资源循环型经济是绿色化发展的基本途径，体现在生产、流通、消费各个环节，以资源的高效利用和循环利用为核心，以“减量化、再利用、资源化”为原则，以低消耗、低排放、高效率为基本特征。① 在开发绿色资源过程中，要注意降低能源消耗，实施集约式开发，注重绿色环保，可持续发展。因此，要创新旅游方式，积极探索开发绿色餐饮、绿色交通等产品，注重与自然的和谐相处。同时，要树立发展典型，建设一批绿色生态示范产业园，构建循环型产业体系。

3. 坚持因地制宜的原则

因为地理位置、历史文化、经济水平等存在不同，河北省各地区应依据当地具体情况因地制宜进行长城绿色生态旅游资源的开发。各地要在充分了解自身情况的条件下，充分挖掘当地长城特定段、特定点的独有价值，与周边绿色资源形成联动式开发，突出当地特色，实现差异化发展。

（三）河北长城绿色生态旅游资源开发的意义

1. 旅游业良性发展的需要

旅游业与生态资源关系密切，优质的生态资源能够促进旅游业的发展。作为以资源为依托的产业，如果在发展中一味追求经济利益，以资源消耗为代价，会对生态环境造成无法弥补的损毁，也会限制自身的良性长效发展。以长城为轴线开发绿色生态旅游是旅游业良性发展的需求。将绿色低碳理念融入旅游中，可使旅游业得到持续稳定和健康的发展。

2. 有助于提升人们的幸福感

这体现在两个方面。一方面是通过带动当地经济，提高当地居民的收入水平和生活质量，从而提升人们的幸福感。另一方面体现在，使游客回归大自然，在观赏、旅行中享受自然带给人们的清新的空气、优美的景色，陶冶情操，体验人与自然和谐相处的幸福感。

---

① 《循环经济发展空间大》，https://www.ndrc.gov.cn/xwdt/ztzl/sswxhjjfzgh/202107/t20210716_1290604.html?code=&state=123，访问日期：2023 年 1 月 5 日。

3. 有助于实现资源的联动发展

长城与绿色资源结合有利于实现资源联动发展。一方面是以长城文旅开发带动周边绿色资源的旅游开发。这主要应用于长城开发较好的地段，如山海关长城、金山岭长城与周边绿色资源的结合，带动了周边旅游资源的发展。另一方面是绿色资源的开发有助于提高当地长城的标识度。如白石山景区的发展提升了白石口长城的市场影响。长城与绿色资源相互借力，有助于推动全域旅游的发展。

4. 有助于丰富长城的文化内涵

长城文化不只是长城遗址本身所展现出来的价值或审美，也包括长城所在地的文化，地域文化赋予了不同区域长城不同的文化特色。非物质文化遗产是指各族人民世代相传并视为其文化遗产组成部分的各种传统文化表现形式，以及与传统文化表现形式相关的实物和场所。非物质文化遗产有着鲜明的地域特色，有极高的旅游开发价值，嵌入到长城文化中，丰富了长城文化内涵及资源可开发的形式。

（四）河北长城绿色生态旅游产业带发展策略

1. 以积极保护为第一要义

人类活动过多地侵入自然生态，如掠夺式的伐木、开矿等会对自然环境造成很大的影响。长城绿色生态旅游资源开发首先应在旅游规划和管理设计上注重生态保护，建立科学的管理和监测机制。旅游生态规划是将旅游活动各要素以及与旅游相关的社会、经济等要素纳入旅游目的地生态系统之中，按生态学原理，对系统中各要素进行合理配置，以维护旅游地生态系统的良性循环和可持续发展。① 其次是要加强人们的环保意识和生态危机意识的培养，在社会层面形成生态旅游、绿色旅游的理念和风尚。尤其是对长城这类不可再生性资源而言，只有人人有着主人翁的自觉才能真正形成保护的环境。最后是加强生态保护的宣传，尤其对如何进行保护要从实践细节层面给出切实可行的借鉴措施，如发布长城旅游注意事项等。

---

① 陈安泽：《旅游地学大辞典》，科学出版社，2013，第8页。

2. 突出区域特色，发挥资源优势

河北长城绿色生态旅游产业开发，要发挥地域特色资源优势，凝聚核心竞争力。首先，提炼区域地貌、气候、植被等差异化特征，并以此为特色进行长城品牌塑造，如秦皇岛将长城与海洋景观相结合、承德将金山岭长城与坝上风光及皇家文化相结合等，打造出长城绿色生态旅游的不同特色品牌。其次，设计具有区域特色的旅游活动，拉长游客消费链条。比如，设计长城周边非遗文化的体验活动，通过现场体验使游客深度参与，进而将产品带回家。也可以利用现代科技手段，再现区域长城古时场景，设计沉浸式剧本杀活动，吸引游客参与，感悟长城历史。

3. 优化旅游线路，提供一体化服务

长城与绿色资源的融合，还需要在旅游线路设计上进行充分考量，将二者之间存在的竞争关系转化为联动发展关系。要综合考虑交通条件、路程时长等因素，优化长城绿色生态游线路。如根据游客需求推出短时观光线路和较长时间深度体验线路等。另外，还可以创新体验方式，借助骑行、摄影等活动将长城与绿色资源有效结合起来，丰富长城绿色生态游内涵。开发过程中，打造配套设施，提供智能化、一体化的服务体系也极为重要。要以游客需求为出发点，提供快捷、方便、安全的服务，增强游客的体验感。

4. 建立科学的生态管理机制

长城保护性开发，首先要进行合理分区。加拿大自然保护区的分区做法值得我们借鉴。加拿大自然保护区从内到外分为：特别保护区、原野区、自然环境区、旅游区及公园服务区等 5 个层区，各层区内配备设施、设备都有严格要求。特别保护区内没有道路和硬件设施，要求游客“除了脚印什么也不留，除了摄影什么也不取”；原野区没有道路，仅有宿营基地和登山者掩蔽处；自然环境区有非永久性的宿舍、低强度运动设施和信息中心；旅游区和公园服务区集中布局旅游、娱乐等服务设施。[①]《中华人民共和国自然保护区条例》规定，自然保护区从内向外可分为核心区、缓冲区和实验区。核心区主要是指自然保

---

① 王义民、李兴成：《中国自然保护区生态旅游开发的对策》，《社会科学家》1999 年第 2 期。

护区内保存完好的天然状态的生态系统以及珍稀、濒危动植物的集中分布地，禁止任何单位和个人进入。再往外是缓冲区，只准进入从事科学研究观测活动。再外围是实验区，可以进行的项目较多，旅游属于实验区的活动项目之一。河北长城绿色生态产业带开发涉及长城周边绿色自然资源，其中不乏生态保护区，明确功能区的划分非常重要。

在分区基础上进行环境监测是管理的一个重要方面。科学的监测需要先进的仪器以及优秀的技术监测人才，这涉及人才的培养和招募。另一方面，根据不同分区的要求，需要制订详细的管理规划，引进先进的管理技术，明确责任，建立定期评估和监督机制，找到适于区域开发的管理手段和方法。河北长城绿色生态产业带的开发离不开科学规划和环境监测，在此基础上的发展才能健康持续。

（五）河北长城绿色生态旅游产业带开发路径

1. 对河北长城绿色生态旅游产业带资源进行提炼

首先，要对河北长城绿色生态资源进行分类，在分类的基础上进行适合旅游开发资源的提炼。这类自然资源包括不同种类的动植物、不同的地貌特征资源等。除了自然资源，还要提炼文化资源，包括绿色文化、生态文化以及非物质文化遗产等资源。提炼资源，一方面需要考察资源的旅游开发价值，参照相应的规范或办法，对获得各种认定的资源进行有效开发；同时对未获得级别认定的有潜力的资源，根据相应的规定进行挖掘提炼。长城绿色生态产业带资源的提炼是开发的第一步，哪些资源可以纳入产业带开发的范围，归入到带状总体结构的哪个部分，均需根据实际情况仔细甄别。

2. 确立开发模式

笔者选定的长城绿色生态产业带开发的模式：文化遗产保护式开发模式—创新旅游商品开发模式—游客深度体验模式。

核心区或者缓冲区的自然资源和景观，宜采取保护式开发模式，保存其自然风貌。长城资源、自然景观资源的核心保护区均可采取此模式。

创新旅游商品开发模式，挖掘商品潜在的附加值。旅游商品作为一种物质存在，除具有一般商品的价值外，还应具有情绪价值、艺术价值、观赏价值、纪念价值等附加价值。① 旅游商品开发的5种转化类型有：直接利用型、初级加工型、功能扩散型、元素重构型和混合嵌套型。② 开发旅游商品应将视野扩宽，将商品开发放到整个生产供应、消费链，及时根据游客反馈进行产品的完善和提升，打造出既合乎游客期待、又能为旅游地居民接受的旅游商品物象体系。③ 长城绿色生态旅游商品开发应以打造长城商品的物象体系为目标，以长城＋海洋、长城＋森林、长城＋生态等元素在符号层面丰富商品的深层影响价值。

对于试验区的旅游开发，应结合时代特点，满足游客新的体验需求。旅游体验是“处于旅游世界中的旅游者在与其当下情景深度融合时所获得的一种身心一体的畅爽感受”④，是一种主观的感受。旅游体验的生成途径有：旅游审美、旅游认知、旅游交往、旅游模仿、旅游中的游戏和娱乐体验。⑤ 根据融入程度的不同，分为不同的体验层次，深度体验是旅游发展到一定阶段的必然选择。河北长城绿色生态产业在开发上可借助当地文化、饮食、节庆活动等，与当地民众和文化进行较全面的融入，开发深度体验产品。

3. 河北长城绿色生态旅游产业带的打造

首先，应从政策层面给予产业带发展支持。长城绿色生态旅游产业带涉及长城与周边绿色资源的联合开发，需要政府、企业、社会多方力量的参与，打破行政区域分割，将长城开发纳入全域经济开发规划中。其次，要科学规划旅游路线，以长城不同主题开发为重点，以游客为服务主体，进行差异化、特色化开发，促进产业带内部协调联动发展。最后，打造河北长城绿色生态产业带品牌，将长城与周边经济发展融为一体，打造长城大文旅品牌。这类品牌可以是区域特色品牌，也可以是突破区域限制的主题类线路品牌。

总之，在长城绿色生态产业带的开发过程中，在尊重市场规律的同时，必

---

① 吴必虎：《区域旅游规划原理》，中国旅游出版社，2001，第44页。

② 王欣、蔡凤、彭诗茗：《地方文化元素在旅游商品开发中的多级转化模式研究——以北京为例》，《旅游论坛》2017年第2期。

③ 周武忠、李义娜：《论旅游商品设计中的文化资源整合》，《东南大学学报（哲学社会科学版）》2012年第2期。

④ 谢彦君：《基础旅游学》，商务印书馆，2015，第191页。

⑤ 武虹剑、龙江智：《旅游体验生成途径的理论模型》，《社会科学辑刊》2009年第3期。

须加强生态环境的保护，避免涸泽而渔，做好环境监测，加强人们的生态旅游意识，探寻可持续的良性发展之路。

三、河北长城乡村振兴示范带

乡村振兴战略由党中央根据乡村发展的实际在十九大报告中首次提出。2018年，中央一号文件《关于实施乡村振兴战略的意见》，围绕乡村振兴的要求、任务、原则，对乡村振兴建设体制机制创新、人力资本开发、开拓投融资渠道以及加强党的领导等方面提出了要求。2021年，中央一号文件《中共中央 国务院关于全面推进乡村振兴加快农业农村现代化的意见》再次聚焦乡村振兴，将乡村振兴与农业农村现代化建设进行联系。从文件中可以看出国家对农村现代化建设的关注和决心。2018年，河北省委、省政府正式印发《河北省乡村振兴战略规划（2018—2022年）》，提出了乡村振兴的河北方案。河北根据省内不同地区、不同村庄的区位特点、自然禀赋、产业基础、历史文化等，把全省村庄划分为聚集提升类、城郊融合类、特色保护类和搬迁撤并类等类型，科学确定不同的发展方向，加强分类指导。为巩固拓展脱贫攻坚成果、统筹推进实施乡村振兴战略有关具体工作，2021年5月河北省乡村振兴局正式挂牌成立。从政策领导支持、巩固拓展脱贫攻坚成果到供给侧结构改革、人才培养等方面，河北省乡村振兴工作全面铺开。

河北段长城是京津冀长城的精华段落，大部分主要分布在农村，将长城文旅发展与乡村振兴相结合是符合现实需要的。河北省长城沿线有大量的传统村镇，其中284个有人居住或一直沿用，44个无人居住或呈遗址状态。①

《关于认真贯彻落实习近平总书记重要讲话精神 全面推进乡村振兴加快农业农村现代化的实施意见》中提出，河北省要突出环京津、环冬奥赛区、环雄安新区核心区、环设区市主城区等“15个环”，京石、京秦、京张等高铁高速沿线和太行山高速沿线、大运河文化带、长城文化带和太行红河谷文化旅游带等“10个带”，西柏坡、北戴河等重点旅游景区“20个片”，成线连片推进美丽乡村建

① 白翠玲、雷欣、苑潇卜：《长城国家文化公园（河北段）文化遗产展示体系研究》，《河北地质大学学报》2022年第3期。

设。长城文化带作为“10个带”之一进入到河北省关于农村发展的一号文件。在此基础上，河北省作为长城国家文化公园建设的重点建设区，在政策优势面前，应抓住发展机遇，实现长城文旅产业带开发与乡村振兴的联动发展。

如何推进长城与乡村振兴的结合呢？有学者提出建设“长城之乡文化带”助力乡村振兴，结合河北省乡村振兴战略规划和京津冀协同发展战略，以及崇礼冬奥会之后的“后奥运经济”发展机遇，进一步创新发展思路和长城文化内涵。① 也有学者指出，要推进河北长城国家文化公园建设与乡村振兴的协调发展，构建乡村多元化产业体系，做大做强“长城之乡”休闲农业带。② 2021年，河北省文化和旅游厅、河北省交通运输厅共同发布的《河北省长城风景道建设指南（试行）》中提出，要构建由长城文化遗产步道和田园步道、果园步道、菜园步道（简称“三园”步道）共同组成的不同主题、不同难度、不同长度和不同等级的慢行系统。慢行系统的建设将“边墙”“边乡”和“边城”串联起来，有助于推动长城文化旅游开发与乡村振兴的有机融合。河北省应根据不同区域特征和产业优势，将“长城之乡”建设融入乡村振兴的重点工作之中，融入推进的“一县一业”“一村一品”工作之中，以长城文化助力农村发展与旅游品牌建设。

（一）河北长城周边乡村振兴示范带开发秉持的原则

1. 秉持因地制宜的原则

长城乡村振兴示范带的开发应以乡村当地的基本情况为依托，因地制宜，精准施策，从当地的特色和优势出发，才能激发发展动力，走出一条适合当地的发展道路。河北长城传统村镇可分为三类：一是长城关隘类，与长城紧密相关，以前是镇城、路城、卫所城、营城、关城的村镇。二是长城戍边类，是卫屯军士建村、长城守军建村后，戍边将士后裔居住的村镇。三是特色资源类，

① 彭运辉、刘敬者：《建设“长城之乡文化带”助力河北乡村振兴》，《河北经济日报》2021年8月7日第3版。

② 贾霄燕：《推进河北长城国家文化公园建设与乡村振兴协调发展》，《河北经济日报》2021年8月7日第3版。

是长城沿线具有特色文化、特色产业、特色环境的村镇。[①] 在开发中应找准定位，结合长城资源、产业优势、山水环境等打造亮点。

2. 坚持尊重乡村发展规律的原则

乡村既可以表达为空间上的地理单元，也可以表达为农业生产的经济单元、因血缘地缘而聚集的社会单元和行政力量宗族等级交织的政治单元。[②] 人与人之间关系密切，或利益相关，或文化相连，或血缘相近，形成一个熟人社会。这种关系型的村庄秩序，隐含着非正式、关系型的治理结构。这种熟人社会结成的网络如果能够有效调动起来，将激发农民的自主性。因此，在长城文旅产业发展与乡村振兴相结合时要充分考虑乡村特点，尊重乡村原有发展规律，特别是人与人之间的关系结构。虽然说随着经济社会的发展，以及产权确权的推进，广大农民原先所依附的情感关系已经向“情感＋利益”关系转变[③]，“差序格局”“乡村版”也正向“原子格局”“城市版”转型[④]，但是乡村的地缘关系所形成的关系结构是相关发展必须要首先考虑的问题。

乡村振兴的主体是农民，一般具有现实性的特点，只有真实的收益才能调动起他们的积极性和主动性。长城乡村文旅开发需要发挥农民的主人翁精神，避免资源浪费和秩序混乱的现象发生。[⑤] 因此，在开发过程中应注意制度设计的优化，处理好集体利益和个人利益的关系。

3. 打造宣传营销新思路

“酒香也怕巷子深”，尤其是作为新打造的长城乡村旅游地，更应该利用多种方式进行宣传。比如，在本地旅游官方网站或者全国乡村旅游网站进行推介；利用新媒体平台打造网红打卡地；等等。

---

① 白翠玲、雷欣、苑潇卜：《长城国家文化公园（河北段）文化遗产展示体系研究》，《河北地质大学学报》2022 年第 3 期。

② 罗必良、耿鹏鹏：《乡村治理及其转型的产权逻辑》，《清华大学学报（哲学社会科学版）》2022 年第 3 期。

③ 于光君：《费孝通的“差序格局”理论及其发展》，《社会科学论坛：学术研究卷》2006 年第 12 期。

④ 罗必良、耿鹏鹏：《乡村治理及其转型的产权逻辑》，《清华大学学报（哲学社会科学版）》2022 年第 3 期。

⑤ 池静、崔凤军：《乡村旅游地发展过程中的公地悲剧研究》，《旅游学刊》2006 年第 7 期。

（二）河北长城乡村振兴示范带建设的意义

1. 便于其他乡村地区借鉴成功地区的发展模式

示范带的意义在于为其他相似情况地区的开发提供可供借鉴的模式。乡村振兴示范带是一个综合工程，其建设需要产业、人才、文化、生态、组织等各方面发挥作用。推进长城乡村振兴示范带建设时，应注重各环节规划、主题和重点的异同，注重从点到带的拓展和延伸。例如，秦皇岛海港市以长城旅游公路为轴线，连接起周边 4 个镇 56 个村，打造乡村振兴示范带的做法值得借鉴。再比如，长城脚下的界岭口村打造传统古文化村落，一方面深度挖掘长城文化、历史文化等资源开发旅游项目，另一方面与其他景区互动，同时开发自身特色板栗产业等，其发展模式成为乡村振兴的成功案例。

2. 提高乡村就业率，助力乡村振兴

河北长城乡村振兴示范带建设有助于拉动乡村就业率，助力乡村振兴。比如，界岭口发展起来后，当地外出打工的情形得以改变，很多大学生毕业后自愿返乡工作。张北县依托互联网资源，成立乡村振兴“数字木兰”就业基地暨互联网就业孵化基地，帮助有劳动能力和就业意愿的脱贫人口实现就业。2013 年建成的长城风景道（迁安段），途经迁安 4 镇 26 村，其所联结的 8 个景区景点、1 个全国乡村旅游重点村、2 个省级乡村旅游重点村、3 个唐山市级乡村旅游示范点和 6 家星级农家乡村酒店为乡村就业提供了诸多岗位，助力了乡村振兴。

3. 有助于更好地打造河北长城文旅产业带

河北长城文旅产业带的发展离不开周边地区的经济发展和生态发展，乡村振兴示范带的建设与文旅产业带发展相互促进。乡村振兴示范带建设有助于丰富长城文旅的内容，带来更为丰富的旅游体验项目。乡村振兴示范带建设有助于增进对长城文化更为深入的认识。文化不是单一存在的而是相互依存的，长城周边村落的文化是长城文化的一部分，对周边文化进行挖掘将丰富长城文化的内涵。乡村振兴示范带建设有助于将长城文旅与人们的日常生活进行联系，从而拉近长城文化与人们的情感纽带。

（三）河北长城乡村振兴示范带的建设策略

1. 结合当地特色，发挥农业产品多样化优势

不同的地理位置和气候条件会出产不一样的农产品，经过规划或扶持可形成规模化生产，农产品开发是助力长城周边乡村振兴的主要方式之一。例如，张家口市赤城县利用紧靠北京的地理优势，着力建设北京“三园”，即蔬菜园、后花园、科技园，扶持养殖和种植产业，既开展肉牛集中养殖项目建设，也开发现代农业示范区，带动乡村发展。河北省有兴隆、青龙板栗特色农产品优势区、围场中药材特色农产品优势区、承德县国光苹果特色农产品优势区、张北甜菜特色农产品优势区、张北燕麦特色农产品优势区、宣化张杂谷特色农产品优势区等农产品优势区，长城乡村振兴示范带建设，可将特色农产品开发纳入产业发展项目之中，即可增加当地民众收入，也可丰富文旅项目内容，带动产业发展。

2. 积极结合电商消费新模式，助力乡村振兴

长城乡村振兴示范带建设应注重运用新的营销方式，结合电商消费新模式，推动乡村振兴。2021 年，青龙大力发展农村电子商务，完善物流和网络设施，建成 24 个乡镇电商服务点，完成 198 家村站的硬件改造和村级物流网点建设，在重点乡镇和物流节点建设了 6 家物流配送分拨中心，实现了市、县、乡、村物流全覆盖。青龙还孵化开通了 340 个直播账号，举办了 95 场网络直播培训，教村民开网店、直播带货。所辖三拨子乡在老百姓田间地头进行公益直播带货活动，并结合当地非物质文化遗产猴打棒表演、六拨子村大冰沟自然植被景观、明长城古迹等文化旅游资源，打造“互联网＋特色农产品＋乡村旅游＋农家乐”文旅项目，吸引游客和购买群体。2021 年，三拨子乡通过电商销售农特产品的有 60 多户，户均增收 6000 元左右。[①]

3. 结合乡村特色开发新型旅游模式，打造独特旅游品牌

长城乡村振兴示范带建设，还可根据乡村特点，结合当地历史文化、地域特色，创新旅游模式，打造旅游品牌。比如，秦皇岛市抚宁驻操营镇板厂峪村依托板厂峪长城以及周边自然风光，打造板厂峪风景区，将长城游览与爬山、

① 陶玉锁、王亚男：《秦皇岛青龙：农产品直播“带货”成为百姓新农活》，河北新闻网，https://qhd.hebnews.cn/2022-04/24/content_8778071.htm，访问日期：2023 年 1 月 5 日。

赏水、探洞等活动融合到一起，开发旅游新模式。在这里可以看到存在 1 亿多年的古火山口，看到崇山峻岭间的倒挂长城，看到承载厚重历史的 68 座明长城砖窑，欣赏 126 米落差的九道缸瀑布，这里集历史遗迹及自然资源于一体，给人独具特色的旅游体验。

秦皇岛市山海关区孟姜镇北营子村，历史上为山海关“一体两翼、前拱后卫”军事城防体系中的“北翼城”的一部分。该村筹建村史馆，打造“闯关东第一村”品牌，将满族民俗文化融入旅游项目中，同时结合区域特色，积极发展大樱桃种植，在体验性极强的乡村采摘游上下功夫，其发展模式成为城乡融合高质量发展的典范。

承德市滦平区巴克什营镇花楼沟村，坐落于金山岭长城脚下，以长城文化、皇家御路文化、满族文化为根基，以“长城花乡”为定位，打造特色民宿，2016 年被评选为“全国乡村旅游模范村”，其发展模式值得借鉴。

（四）河北长城乡村振兴示范带的开发路径

针对文化旅游开发的路径，即文化资源提炼—确立开发模式—符号化—产业化开发。

1. 河北长城乡村旅游文化资源提炼

河北长城乡村振兴示范带开发应当充分发挥资源性优势，当地的资源既包括山、水、林、田、湖、草、沙这七大元素构成的乡村自然资源，也包括衣、食、住、行、耕、读、传这七个方面构成的乡村人文资源。示范带文旅开发应做好调研工作，结合长城元素对资源进行整合，根据实际情况因地制宜对资源进行符号化提炼。

2. 确立开发模式

应结合资源特征进行长城乡村振兴示范带开发，对于产业化突出的区域，应以产业带动为主导，结合区域的优势资源进行产业链的延伸和拓展；对于原生态资源有优势的区域，应以旅游业为主，开发观光农庄、度假区、采摘体验场地等；对于历史文化、气候特征独特的区域，可开发特色小镇，如温泉度假村、滑雪基地等，或者依托历史文化进行创新发展。

3. 资源符号化，打造长城乡村文旅品牌

长城乡村振兴示范带开发，应对旅游资源进行符号化提炼，打造特色名片。长城沿线应挖掘当地有代表性的人物、故事、历史、文物等资源，进行符号化的提炼，形成具有较高标识度的概念或形象，打造特色品牌。比如，张家口堡是长城防线上重要的驻军城堡，其丰富的文物古迹使得“明清建筑博物馆”成为其标识。

4. 长城乡村振兴产业化

河北长城乡村振兴产业带开发，需要政府、市场等各方面合力协作，充分发挥市场在资源配置中的决定性作用，在整体规划的基础上，通过“融合—改造—创新”提升产业层次，促进产业集群升级发展。同时，注重发挥政府作用，通过行政力量推动区域间合作机制的建立，破除体制机制性障碍，通过创新带动发展。

总之，长城周边区域的振兴发展，将丰富长城大景区的内涵，提升长城文旅产业带的发展水平和层次，对长城文旅产业带开发具有重要的意义；同时，乡村振兴产业带的开发，也为长城沿线的村镇带来发展机遇。在国家乡村振兴发展和长城国家文化公园建设的双重政策支持下，长城乡村振兴示范带无疑将插上腾飞的翅膀。

部分河北段长城周边村镇分布如表 3 所示。

表 3　部分河北段长城周边村镇分布情况（参考地图等相关资料整理）

所属地市	所属县区	部分长城段	周边村镇
秦皇岛	抚宁区	界岭口长城、梁家湾长城	界岭口、箭杆岭、猩猩峪、梁家湾、石碑沟等
	卢龙县	刘家口长城、桃林口长城	梧桐峪、重峪口、桃林口、水峪、刘家口等
	山海关区海港区	山海关长城、角山长城、董家口长城、板厂峪长城	第一关镇、北营子、九门口、夕阳口、刘城子、城子峪、平顶峪、板厂峪、义院口等
	青龙满族自治县	花厂峪长城	城山沟、界岭、大森店、花果山、樊家店、罗汉洞、头道窝铺、花厂峪、山神庙、东二道河、温泉等

续表

所属地市	所属县区	部分长城段	周边村镇
唐山	迁安市	白羊峪长城、冷口长城	徐流口、白羊峪、大龙庙、新开岭、万宝沟、红峪口等
	迁西县	喜峰口长城、潘家口水下长城	擦崖子、大岭寨、董家口、铁门关、喜峰口、太阳峪、西城峪、龙井关等
	遵化市	罗文峪长城	洪山口、寨主沟、秋科峪、罗文峪、冷嘴头、双义、大安口等
承德	兴隆县	V形长城	三道河、蓝旗镇、孤山子、挂兰峪、八卦岭、青松岭、陡子峪、六道河、上石洞、北水泉等
	承德县	黑谷关敌楼	杨家庄、三道边、乱石窑等
	滦平县	金山岭长城	巴克什营镇、两间房镇等
	宽城满族自治县	喜峰口横城子段长城	铧尖乡、桲罗台镇等
张家口	赤城县	独石口长城	后城、姚家湾、龙门所、镇安堡、清泉堡、独石口、东栅子、镇宁堡、龙关、龙门所、金家庄等
	沽源县	明长城遗址、燕秦长城遗址、北魏长城遗址	三道林、南厂、莲花潭乡、李家营、梁头、小厂镇、东房子乡、平头梁、糜地沟等
	崇礼区	战国、秦、汉、北魏、明等7代长城	清三营乡、石窑子乡、红旗营乡、高家营镇等
	怀来县	样边长城	镇边城、水头、坊安峪、坊口、陆家坡、陈家堡、鸡鸣驿、庙港、南辛堡、黄台子等
	尚义县	关山长城、鱼儿山段长城	小蒜沟镇、下马圈乡等
	张北县	6代长城并行	黄花坪、周坝、老虎沟、小河子、小狼窝沟、大水泉、台路沟乡、正边台、西圪塔、杨家营等
	怀安县	赵家窑长城、香炉山段长城	赵家窑、马市口、总镇台、桃沟、南堰截、石坡底、东沙城等
	万全区	万全右卫城、万全长城卫所博物馆	羊窖沟、牛家窑、洗马林、宣平堡、新河口堡、辛窑子、柳沟、膳房堡、万全镇等
	蔚县	蔚县古堡	南留庄、北方城、北官堡、西古堡、上苏庄、黑石岭、大固城、闫家寨等
保定	涞源县	乌龙沟长城、浮图峪长城	乌龙沟、寨子青、土安、西窑、浮图峪、亚家庄、白石山口、插箭岭、石窝、石城安等
	易县	紫荆关长城	紫荆关镇等

下篇

区域特色开发

第五章　秦皇岛以山海关为中心，打造天下第一关长城文旅产业聚集区

长城横穿整个秦皇岛，秦皇岛境内长城共 275.5 公里[①]，经山海关区、海港区、抚宁区、卢龙县、青龙满族自治县，3 区、2 县，包括明代长城和北齐长城。其中，北齐长城东起山海关区渤海乡姚山村海岸，西至海港区石门寨镇，全长 21.1 公里；明代长城东起山海关老龙头，西到青龙满族自治县城子岭口，全长 223.1 公里，主要经过的地方有：老龙头—角山—三道关—九门口—娄家沟—小河口—董家口—平顶峪—板厂峪—义院口—拿子峪—花厂峪—苇子峪—孤石峪—背牛顶—箭杆岭—界岭口—罗汉洞—青山口—河口—重峪口—桃林口—刘家口—河流口—冷口—龙王庙—白羊峪—小关—红峪口—擦崖子—杏树岭。秦皇岛明代长城是万里长城精华地段之一，保存比较完好。

一、秦皇岛长城文化和旅游产业带发展的基础和现状

（一）政策条件

长城是中华民族的瑰宝，也是中华民族的精神象征之一。早在 1984 年，时任国家领导人的邓小平同志就曾经提出过要“爱我中华，修我长城”。2002 年，随着长城被选入《世界遗产名录》，长城资源的开发与保护再一次引起了社会及相关部门的高度重视。

河北是新中国成立后最早启动长城保护修复的省份，《长城保护条例》《关于进一步加强长城保护管理工作的通知》《河北省长城保护办法》等文件的先

---

① 郝三进：《秦皇岛境内的明长城保护与利用》，《中国长城博物馆（2014 年合订本）》2014 年。

后颁布实施，为做好长城保护工作提供了制度遵循。秦皇岛段长城是河北段长城的重要组成部分，秦皇岛在国家和河北省政策的指导下，结合实际情况推出了一系列文件对长城加以保护，如颁布了《秦皇岛市长城保护条例》《山海关历史文化名城保护规划》以及相应的《长城执法巡查制度》《长城保护员管理制度》《文物安全应急预案》《文物保护项目审批流程》等长城保护实施细则。2022年，秦皇岛市编制完成《长城国家文化公园（秦皇岛段）建设保护实施规划》，更好地推进当地长城遗址保护以及长城国家文化公园开发建设等方面工作。这些文件基本上都建立在详细的调研基础之上，为山海关长城的保护建立了科学规范的制度保障。

（二）现实基础

在整个秦皇岛地区的文旅产业开发中，山海关长城是最具代表性的一张名片，也是周边文旅资源中开发最为成熟的。下文采用经典的SWOT分析法，对秦皇岛地区长城资源文旅产业开发的现实基础及优势与劣势进行详细的分析。

1. SWOT分析法的应用

SWOT分析法即态势分析法，主要包括分析优势（Strengths）、劣势（Weaknesses）、机会（Opportunities）和威胁（Threats）几个方面。应用SWOT分析法能对企业内部、外部情况进行综合和概括，明晰呈现优势、劣势，有效评估面临的机会和威胁，对于企业增强自我认知、明晰发展战略、增加竞争力有着重要意义。对秦皇岛长城文旅产业带发展前景进行综合分析，SWOT分析法同样适用。在综合考量目前开发的内外机会与优劣势的基础上，运用SWOT分析法可以帮助该地区形成科学的发展规划。表4是对山海关目前以旅游景区为核心的开发所具有的基础以及尚且存在的不足所进行的SWOT战略分析。

表 4　山海关 SWOT 分析表

		内部条件	
		优势（Strengths） S1 丰富的自然及历史文化资源 S2 交通便捷、地理位置好	劣势（Weaknesses） W1 基础设施与管理模式落后
外部条件	机会（Opportunities） O1 国家政策支持	SO 战略组合 SO1 历史文化资源整合 SO2 多产业协同发展	WO 战略组合 WO1 智慧景区建设
外部条件	威胁（Threats） T1 长城开发的同质化 T2 过度开发问题	ST 战略组合 ST1 开发（特色资源）与保护并重	WT 战略组合 WT1 宣传与推广 WT2 旅游承载力

2. 优势分析

（1）丰富的自然及历史文化资源

一是秦皇岛段长城雄奇险秀、形态多样，有入海长城、山地长城、平原长城、河道长城等，同时有着众多关隘和丰富遗存，有万里长城山海关之“雄”，有长城入海石城之“奇”，有三道关、板厂峪之“险”，有董家口、祖山长城雕刻装饰之“秀”，在全国长城中有着较高的知名度。

二是长城周边绿色资源丰富，沿线分布着角山、长寿山、祖山、花果山、老君顶、背牛顶、天马山等名山，有石河、洋河、滦河、青龙河、燕塞湖、天马湖、桃林口水库等众多河流、湖泊及水库，还有国家级自然保护区柳江盆地。

三是长城历史文化资源丰富，沿线分布着贞女祠、悬阳洞、板厂峪窑址群、傍水崖古战场、白云山庆福寺遗址、宝峰禅寺、天马山石刻、香山纪寿石、红山长城采石场、铁瓦乌龙殿遗址等大量的文物遗存。同时，围绕长城有着大量的神话故事、民间传说等文化资源。

这些资源与长城融合为一个有机的整体，形成一条天然的长城文化廊道。在对长城的保护之上，依托长城优质的文旅资源，秦皇岛积极推动以长城为核心的旅游经济带发展，有效带动了周边产业的联动发展。

推动文旅融合发展是新时代实现旅游业可持续发展的新思路，丰富的历史文化资源可以有效增加旅游景区的文化底蕴，也是推动地方经济高质量发展的有效保障。《国务院办公厅关于进一步激发文化和旅游消费潜力的意见》中指出，要进一步提高旅游和文化消费的质量水平，以高质量的文化旅游资源实现居民幸福感的提升。意见中更是指出，要进一步推动景区高质量服务以及丰富文化产品的供给，通过开发特色文化类旅游产品，实现文化与旅游的高效结合。山海关作为万里长城的精华地段之一，蕴含着丰富的人文历史资源，如前文所提到的以抗战精神为主的红色旅游资源，以神话故事、民间传说为依托的民俗文化资源，以古城古建筑为代表的长城军事遗址资源，等等。山海关文旅产业开发，通过对特色历史文化资源的有效利用，可以实现产业服务质量与文化内涵的提升。

（2）区位优越，交通便捷

秦皇岛市位于河北省的东北部，距北京 280 公里，距天津 240 公里，距沈阳 380 公里，东北接辽宁省葫芦岛市，西北临河北省承德市，西靠唐山市，南临渤海，辐射内蒙古及东三省，是京津冀都市圈的重要出海口，经济地理位置重要。长城贯穿秦皇岛全境，周边有丰富的旅游资源。素有“两京锁钥无双地，万里长城第一关”之称的秦皇岛山海关是明代长城的东起点，也是连接我国东北与华北的咽喉要道。区位优势为秦皇岛长城文旅产业发展奠定了基础。

秦皇岛交通便捷，有四通八达的铁路网，京山、京秦、大秦、秦沈、沈山等国铁干线在此交会。秦皇岛公路交通便利，境内有 6 条高速公路、5 条国道、32 条省道。航空方面，通航国内、国际 32 个城市，成为河北省首个开通“一带一路”旅游航线的节点城市。目前，秦皇岛境内西部快速路、机场快速路、宁海大道、祖山连接线建成通车，海滨路东西延伸加快实施，城市区各组团间基本形成三线连三网大路网格局，主城区形成九横十四纵道路框架，秦皇岛因此获评全省最畅通城市称号。优越的地理位置和便利的交通能有效发挥大型游客集散中心的功能，带来更多的游客，同时也有利于将各大景区串联在一起，形成品牌规模效应。“十三五”期间，秦皇岛建设长城旅游公路 175.6 公里，开发了一批串联景区精品旅游观光线路。比如，早在 2017 年，秦皇岛环长城旅游公路就已通车。目前，正在建设的长城山海关风景道是长城国家文化公园国家层面的重点项目，以山海关古城北门为起点，经角山路、浅山区旅游公路、长寿山旅游路、长寿山盘山公路至长寿山景区停车场，串联边墙、边城、边乡，是与山海关古城形成互动的10公里长城风景道示范段。

（3）特殊的地理标识

天下第一关：山海关是万里长城的起点，因地理位置的重要性，一直以来都是兵家必争之地。在明长城的著名关隘中，山海关位列三大名关之首，被冠以“天下第一关的”美誉。山海关关城始建于明洪武十四年（1381年），是山海关长城的中心，呈不规则梯形，西北和西南转角处呈圆弧形，未设角台。关城城垣周长4727米，城高14米，厚7米。东墙为长城主线，关城东、西、南、北四面各建有城门，东门为“镇东门”，即“天下第一关”，西门为“迎恩门”，南门为“望洋门”，北门为“威远门”，四门城台上均建有城门楼。关城四门之外均筑有瓮城，偏侧开门。城墙的东南、东北隅处于长城主线，各建有东南角台和东北角台，角台上分别建角楼，是关城转角处防御性建筑，镇东楼南、北两侧还建有临闾楼、牧营楼和新楼。在关城的东南、西北和西南隅各设水门1座，墙外有护城河环卫。① 除去中心的关城以外，山海关长城主要是以城墙作为结构主体，4座城门外均有东、西两翼城，南、北两罗城。山海关长城还包括角山长城、九门口长城、老龙头长城等地段，具有极高的文化与游览价值。

长城入海处：老龙头是长城中唯一与海洋相接的一段，自明代修建以来，老龙头作为重要的海防要塞，一直担负着拱卫京城的重任。戚继光、孙承宗以及杨嗣昌等历史上的名臣都曾经参与过老龙头的加固和修缮工程。直至清代长城内外统一为一体，老龙头不再发挥军事防御的作用，而成为帝王将相、文人墨客观光览胜的绝佳之地。清代康熙、雍正、乾隆、嘉庆、道光皇帝都曾多次到过此地，其中乾隆皇帝曾4次登楼观海，留下了大量诗文墨宝。如今，老龙头成为著名的爱国主义教育基地。

---

① 根据景点相关资料整理。

3. 劣势分析

近些年，随着人民生活质量的不断提升，国内第三产业得到迅猛发展，但是一些地区片面追求经济效益以及管理不当等粗放型的发展模式，给当地产业可持续发展带来了不利影响。另外，因管理不当导致的旅游业的负面事件更是使得当地的旅游行业以及城市形象受到严重损害。景区管理不到位，造成的环境卫生不佳、服务态度差以及价格欺诈等行为都危害到景区的发展。而从景区游览的便捷性、舒适性来看，某些景区的硬件设施也亟待完善，在景区内娱乐设施以及购物场所、餐饮住宿等条件相对较差，旅游配套设施的不完善也成为制约景区发展与创收的主要原因。而配套设施不健全所带来的游客游览体验感与舒适度的降低，会造成景区口碑的下滑，形成恶性循环。

4. 机会分析

在改革开放以来旅游业的发展与实践过程中，旅游产业在国民经济中的地位逐渐得到了提升，政府也逐渐倾向于开始将旅游业作为推动国民经济进一步发展的新增长点。从 1993 年国家旅游局发布的《关于积极发展国内旅游业的意见》到《"十三五"旅游业发展规划》《国务院办公厅关于促进全域旅游发展的指导意见》，再到《"十四五"旅游业发展规划》等文件，都从不同角度推动旅游业发展。从河北省的总体发展规划来看，环渤海经济带的建设为沿线长城资源的开发创造了有利条件。而在国家的东北大开发战略中，山海关位于河北与东三省的核心地理位置，这也为山海关文旅融合发展带来了新的机遇。尤其在推进长城国家文化公园建设进程中，凭借着丰富独特的长城资源以及相关政策的支持和指导，秦皇岛以山海关中国长城文化博物馆为牵引，深度推进文旅融合，谋划推进长城文旅产业整体建设进度，致力打造世界一流的长城文化地标，促进长城文旅产业带的发展。

5. 威胁分析

(1) 长城开发的同质化

虽然全国长城总长度 2 万多公里，但目前进行了开发利用的区域只占到总长度的 5%左右。已经开发的区域，大多数以关隘为依托，进行单一的旅游观光服务，如山海关、嘉峪关等地。就河北省来说，山海关的长城资源在省内也并不具有绝对的优势，根据相关资料显示，山海关的主要游客群体来自省内各市以及周边的京津等地，景区的辐射范围与吸引力较小。与周边如唐山的喜峰口长城、承德的金山岭长城等同样借助长城资源的景区相比，在景区的定位、游览方式、目标受众群体等方面，存在重合现象，容易形成同质化竞争。除此之外，秦皇岛所特有的海洋资源尚未很好地与长城形成协同发展，联动效果较差，而邻近省份如山东的青岛、烟台与辽宁的大连、葫芦岛等地的海洋资源开发又与秦皇岛主打的海滨旅游形成竞争。总的来说，这种同质化的经营使得受众容易形成审美疲劳，降低景区的吸引力，导致游客流失。

（2）过度开发问题

随着城市化进程的加快，一些地区为片面追求经济效益，在发展旅游业的过程中忽略了文物古迹的最大承载能力，过度开发造成了历史遗迹不可逆的损伤；有些游客文物保护意识淡薄，导致长城遍地垃圾甚至墙砖上被乱涂乱画的现象时有发生，这都严重违背了可持续发展的原则。

但实际上，名胜古迹的保护与开发，可以说是一个相互促进的过程，是能够形成平衡的。合理保护是发展旅游业的前提与基础，对文物古迹按时进行保养与修缮能够有效地延长使用年限，为观光游览提供可持续的资源。而旅游业的发展，在一定程度上也可以对文物的保护起到促进作用，一方面，旅游景点的知名度不断提升，会受到政府与社会的重视，国家或地方政府会为历史遗迹的保护提供资金与政策等方面的支持；同时，随着旅游景点影响力的扩大，也可以很好地提高社会群众对文物古迹的保护意识。另一方面，文物古迹的开发所带来的创收也能够为保护与修缮提供资金。因此，只有处理好开发与保护之间的关系，形成科学的开发与保护方案，才能够维护好经济利益与社会利益的平衡；只有对文物古迹进行合理科学的开发与利用，才能实现相关产业的可持续发展。

二、以山海关为中心的长城文旅产业带总体规划

（一）基于“天下第一关”的文化资源构成

与纯天然的自然类景观不同，万里长城是拥有着丰富人文历史背景的人文

类景观。在文化产业的开发中，丰富的人文历史背景是长城所具有的独特优势资源。长城是中华民族几千年历史的见证，厚重的历史文化内涵使得长城原本就险峻秀美的风景更加具有吸引力，极大程度上提高了观光游览的“附加值”，吸引着国内外的游客争相到访。游客们游览长城的自然风光时，满足了自身的审美需求，而丰富的历史文化则给游客提供了接受高层次的文化熏陶的机会。在开发中，应充分挖掘“天下第一关”的文化内涵，以文化为核心动力，带动周边产业的联动发展。

1. 神话传说资源

在众多历史文化资源中，神话传说是可以增加旅游景点文化底蕴的一种重要形式。历史虽然无法重现，但是古人先贤们的事迹却被人们代代传颂，经过想象与加工，以神话故事的方式形成一种特殊的历史遗迹。在长城修建与投入使用后的漫长岁月中，长城的沿线流传下来许多神话传说，这些神话传说为长城文化带的开发提供了无限的拓展空间。

（1）孟姜女哭长城

孟姜女哭长城可以算作是与长城相关的最著名的民间传说，而这一传说的发生地在山海关。传说记载，秦始皇统一天下后，为了防止边境胡人的侵犯，下令修筑万里长城，在民间征召了民夫 80 多万人，这一举动也造成了无数家庭妻离子散。传说中孟姜女的丈夫正是其中的一员，孟姜女哭倒长城的传说也由此而来。尽管秦始皇修筑长城在历史上的评价褒贬不一，关于孟姜女哭长城传说的真实性也存在争议，但不可否认的是，孟姜女哭长城的传说经过千年的流传到如今已经家喻户晓，为长城的研究与开发留下了一笔宝贵的精神文化遗产。如今，孟姜女的传说作为重要的民俗文化已经被列为国家非物质文化遗产。在山海关周边，为纪念孟姜女修建有孟姜女庙，庙内的孟姜女雕塑以及院内矗立的望夫石极负盛名，而匾额上的对联更是被称作“天下第一奇联”。景区内修建的文化园林，再现了孟姜女传说的场景，增强了旅游体验感。孟姜女庙与老龙头一起，已经成为山海关长城旅游的名片。

（2）秦皇求仙入海处

自古以来，一些帝王为求成仙不惜花费大量人力物力炼制仙丹，甚至四海寻访仙家福地。秦始皇“求仙入海”的传说就是其中最著名的故事之一。据相关记载，秦始皇为求得长生不老药，先后派多名方士入海求仙。秦始皇东巡碣石，拜海送别方士的地方，相传就在今天的秦皇岛，此地立有“秦皇求仙入海处”石碑一座。秦皇岛市也是我国唯一一个以皇帝名字命名的城市。秦始皇相关传说和求仙入海处成为秦皇岛旅游的又一城市名片。① 在政策的指引下，秦皇岛市在旅游城市打造的过程中，充分地开发与利用了历史文化资源，将传说加以转化，在推动地方旅游经济快速发展的同时，也有效提升了秦皇岛的城市形象。

（3）萧显写匾的故事

在山海关城楼正中央的牌匾上，“天下第一关”5个苍劲有力的大字一直以来备受关注，但由于牌匾上没有落款，关于此题字的作者是谁，一直以来众说纷纭。现在流传最为广泛的说法认为，作者是明代著名的书法家萧显。

据传，萧显为了写好这几个字，先用一个月的时间精研了前代著名书法家的碑帖墨迹。为了增加腕力，又用一个月时间练习兵器。为了使匾上的字具有神韵，诵读古人诗词来开阔胸襟、陶冶性情。在口口相传的故事中，还有一个特别有意思的情节，就是匾悬挂到城墙后，众人发现“下”字少一个点，萧显不急不慌，用沾了墨汁的布团投上去，正好补在了缺笔之处。

萧显写匾的故事被列入河北省第三批省级非物质文化遗产名录。虽然在具体情节上可能有些差别，但在山海关导游词、各种版本连环画以及山海关的种种民间传说故事中都有萧显写匾的故事，这个故事已成为山海关长城文化的一部分，吸引着游客的关注以及对于“天下第一关”的理解。

2. 红色旅游资源

在抗日战争时期，长城沿线爆发了许多著名的战役，山海关更是在早期的抗日战争中扮演着重要的角色。在这里发生的最具代表性的战役是作为长城抗战序幕的榆关战役。在这场战斗中，我军无数的军人为民族的生存、国家存亡进行了不懈的斗争，他们用自己的鲜血与生命诠释了中华民族永不屈服的民族

---

① 林琴琴、李蕊、李国强、耿元文：《基于“求仙入海”处为例的秦皇岛体育文化旅游研究》，《产业与科技论坛》2014年第4期。

气节。

秦皇岛利用节庆等时间节点，结合丰富的红色旅游资源、便捷的交通条件、丰富的客源市场，打造“忆烽火雄关抗战，寻山海长城人家”红色旅游精品线路。以榆关战役为背景，以爱国主义和革命传统教育为主题，以长城抗战红色旅游为主线，以红色旅游与民俗文化、山海雄关文化、生态乡村文化、新媒体元素融合为亮点，针对自身和区位优势，秦皇岛对本地红色文化进行资源整合、营销策划，弘扬长城抗战精神，进一步推动红色旅游经济发展。① 如今，秦皇岛依托山海关的八国联军营盘旧址、四野临时指挥部、烈士陵园、五峰山李大钊革命活动旧址以及冀东抗战纪念馆等，已经形成独具特色的红色旅游路线，为弘扬革命先烈的抗战精神、推动秦皇岛当地红色旅游的发展做出了积极有益的探索。

3. 军事关隘资源

长城自古以来就是著名的军事防御体系，历史上为抵抗北方匈奴的侵犯做出了不朽的贡献。如今，随着历史的发展，长城的防御功能虽然已逐渐弱化，但却以另一种方式——作为宝贵的精神文化遗产，成为独特的旅游资源。山海关是长城东端的重要关隘之一。它作为京东门户，倚山濒海，自然形成的山海之势与人工设险的雄伟关城相得益彰，与所辖军事聚落构成了严密的军事防御体系，是明长城防御体系的典型代表。山海关防区的范围，随着历史的前进不断扩展，已超出一关一路的辖区范围，在明代末期形成以山海关为核心，跨镇联防、海陆结合的广泛的军事防区。而军事聚落的建设也随着防区的不断成型而体现出鲜明的防御性特点。② 作为一个完整的军事防御体系，长城现今所遗存的烽火台、烽燧、边墙等，都具有极高的文物考察与游览价值。除此之外，山海关地区在战争中所应用到的各类武器也独具特色，如秦皇岛所独有的长城石炮，如今成为山海关长城博物馆的镇馆之宝。这些军事防御资源不但拥有极

① 姜蓝、罗学锋、张杨：《京津冀区域一体化下秦皇岛红色旅游资源 SWOT 分析》，《旅游纵览（下半月）》2017 年第 8 期。

② 庄和锋：《明长城山海关防区防御体系与军事聚落研究》，硕士学位论文，天津大学建筑学院，2012。

高的文化研究价值，也可以在保护的基础上合理开发与利用，作为独特的游览观光项目，为游客们再现当年的历史场景，形成当地特色的旅游资源。

（二）“天下第一关”文化产业聚集现状

国务院发布的《关于促进全域旅游发展的指导意见》中曾明确提出以文化促进旅游业的发展与质量提升。现阶段，我国经济社会已经进入了向高质量发展转型的关键阶段，各类产业的融合发展是当前社会经济发展的大趋势。长城历经千年的时间，已经成为中华民族心目中最响亮的文化符号，甚至是中华文化走向世界的一张名片。现阶段，山海关的文化产业依托长城深厚的文化历史资源进行了初步的探索与尝试，接下来的发展规划中，也应依托现有的文化产业打造专属的长城文化符号，与其他产业实现联动发展，形成以“天下第一关”的长城文化产业为核心的长城产业聚集区。

1. 两个长城博物馆

山海关长城博物馆始建于1991年，位于河北省秦皇岛市山海关区，曾与北京八达岭长城博物馆、嘉峪关长城博物馆并称为我国三大长城主题博物馆。山海关博物馆坐落在“天下第一关”城楼之南200米，占地1.2公顷，建筑面积2600平方米，是一座以万里长城，特别是以山海关长城为主要展示内容的专题性博物馆。“华夏脊梁”是山海关长城博物馆的基本陈列，博物馆陈列面积1247平方米，全馆分设序厅、历史厅、建筑厅、军事厅、文化厅和山海关长城厅6个展厅。馆内陈列内容集中展示了我国长城历史渊源、形式建制、人文风物、军事烽烟，特别是山海关长城的古代军事作用和宏伟壮观的建筑艺术。博物馆内大量珍贵的长城文物和精美的模型、雕塑、图片及大型声光电于一体的“山海关文物沙盘”，全面且生动地展示了万里长城之山海关的历史魅力和现代风采。山海关长城博物馆是我国以长城为主题的博物馆之中较具规模者，在国内外具有一定的影响和知名度。① 博物馆自成立以来，已经联合政府部门、民间企业等举办了诸如图书发布、主题讲座、红色主题教育等多场活动，为长城历史文化的普及以及旅游观光文化内涵的提升做出了重要贡献。

---

① 根据相关资料整理。

山海关中国长城博物馆位于秦皇岛山海关区角山长城脚下，是长城国家文化公园建设的重点工程，定位为全国最具影响力的长城文化遗产保护传承利用现代化综合性博物馆。2021年12月6日开工，主体结构已于2022年8月1日完工，是长城国家文化公园河北段建设的"一号"工程。博物馆总规划用地面积约106亩，总建筑面积达3万平方米，地下1层，地上3层，包括中国长城文化陈列展厅、长城国家文化公园规划展厅、长城非物质文化遗产展厅、国际学术报告厅等部分，全方位展示中国长城产生和发展的历史、长城建筑结构与布局、长城历史文化传说、长城有关重大战役等方面的内容。博物馆按照绿色建筑最高等级建设，建成后将成为全国首座绿建三星级博物馆。

山海关中国长城博物馆建成后，将成为中国长城文旅新地标，作为带动长城文化保护、传承、利用的"新引擎"，与正在建设的长城文化产业园、山海关长城风景道等项目一起，构建起山海关长城文化产业聚集区，加快文旅深度融合，焕发长城新的发展动能。

2. 山海关长城文化产业园

文化产业园区对地区经济发展和文化繁荣起着至关重要的作用，也是区域产业聚集发展新的模式探索，能够通过产业的汇集产生聚集效应，提高产业整体的经济收益，对于形成区域旅游的品牌效应也起着至关重要的作用。山海关以长城国家文化公园建设重大发展机遇为契机，以长城文化博物馆建设为核心，倾力打造长城文化产业园。山海关长城文化产业园项目选址于秦皇岛市山海关北部浅山区，北至角山，西至石河，南至102国道，东至长寿山旅游公路，总建筑面积123.53万平方米，主要建设长城文化体验核心区、城北文旅配套区、特色旅游小镇、特色文化村落、高速服务综合体片区、长城演艺文创园区、商业居住综合区、乐活田园综合体和浅山郊野公园等项目。

山海关长城文化产业园项目自启动后有序推进。基础设施一期工程被列入2020年文化旅游提升工程第二批中央预算内投资项目，首期中央预算投资8000万元。2021年与中国长城文化博物馆项目（秦皇岛市山海关区）一起列入河北省重点建设项目名单。多次发布项目招投标公告，创新招商形式，举办"2022长城文化产业园线上推介会"，中铁十局、浙江商会等500余家企业线上参加会议。2022 年 11 月，山海关区召开长城文化产业园项目专题部署会，指出项目建设要讲好山海关故事，用好山海关情怀。一是打好“古城牌”，重点谋划和开发东罗城综合项目，借鉴国内成型不夜城经验，把山海关大明不夜城项目做优、做特。二是打好“海洋牌”，进一步完善山海关音乐动感海岸项目相关配套设施、服务建设工作。三是打好“资源牌”，做好长寿山“长寿”品牌，将长寿和康养有效结合，做好长城长寿康养水镇项目资源整合工作。四是打好“科技牌”，将山海关本土文化和数字科技结合起来，做好新业态旅游工作，增加游客体验感和吸引力。五是打好“文化牌”，结合长城博物馆主体建设工作，将长城风情文旅小镇项目和长城国际会展中心项目进行整合，最大程度发挥长城文化影响力；讲好民俗故事，做好孟姜女庙片区综合开发项目包装和策划。六是打好“游客牌”，做好长城文化产业园民俗文化村落、“海誓山盟 爱在山海间”婚恋产业基地项目旅游目标人群分析工作。①

山海关长城文化产业园建设统筹长城保护、旅游开发、产业发展、生态建设等方面内容，实现多位一体发展，通过深入挖掘长城文化进行具象展示，更大程度地展现了长城文化价值的丰富性、可塑性以及能动性，在促进传播民族历史文化的同时，推动当地乃至全国文化产业的发展。

3. 论坛、长城节等文化活动

为了进一步提高山海关长城的知名度，相关部门举办了很多以长城为主题的文化活动。如在 2000 年 8 月，秦皇岛市人民政府与河北省旅游局、河北省文物局合作举办了第一届山海关国际长城节，汇集了多方摄影书画作品以及与长城相关的论文进行评选，同时开展了杂技、民俗表演与灯会等活动。此后，山海关国际长城节不定期举办。2010 年，以二月二龙抬头民俗活动为契机，山海关举办了首届中华龙抬头文化旅游节，通过民俗表演与特色纪念品展览等对长城与民俗文化的融合进行了有益的尝试。近年来，山海关长城文旅融合开发形式不断拓展，创作了《观・山海》长城情境光影秀，推出了大型室内沉浸光影剧《长城》，举办了“长城脚下话非遗”活动、山海关浑锅节、山海传

---

① 《山海关区专题调度长城文化产业园项目》，http://mail.qhd.gov.cn/front_pcthi.do?uuid=5BB0128E96751B3332608F41C2ACD099，访问日期：2023 年 1 月 5 日。

奇——秦皇岛长城传说故事展、“我眼中的文化遗产”摄影及短视频大赛、“一带一路”长城国际民间文化艺术节等活动，吸引了众多游客，使当地非遗文化、古城文化等加速向经济资源转变，成功将文旅产业转换成特色富民产业。2017年，在《长城保护条例》发布11年之际，国家文物局、河北省文物局等在山海关举办了长城保护维修理念与实践论坛，交流长城保护的经验，制定日后的长城保护规划。2020年8月，由文化和旅游部非遗司指导，河北省文化和旅游厅、秦皇岛人民政府主办的“长城文化传承与非遗保护交流对话”活动在山海关举行，探索文旅融合的“非遗＋长城”路径。此类以长城为主题的文化活动为山海关旅游品牌的塑造以及长城文旅融合产业带的开发奠定了一定的基础。

（三）“天下第一关”文化产业聚集规划

1. 民俗文化产业

长城作为特殊的精神文化符号在山海关当地居民的日常生活中扮演着重要的角色。以长城文化作为核心可以很好地带动周边民俗产业的发展。可以从以下两种模式入手：

（1）基于庙会的民俗旅游

目前，秦皇岛拥有丰富的庙会活动，如孟姜女庙会以及元宵灯会等。特别是中国文化里习惯把“长城”与“龙”两个符号联系起来，这也催生了每年的“二月二”在山海关长城所举办的丰富的民俗活动。此类庙会能够很好地利用长城文化，以庙会作为载体，将当地特色民俗产业聚集起来，如表演类的“秧歌”“皮影”“武术”，美食类的各种特色小吃，以及当地的土特产、工艺品等。

（2）体验式民俗旅游

体验式民俗旅游，如以长城文化为核心，打造特色古镇与街区，还原秦代风貌，展现秦地风采；建设特色民宿、农家院，让游客能够体验住在长城脚下的生活；借鉴集发生态采摘园的模式，让游客参与农产品的采摘、加工过程，增加游客游览乐趣；开展剪纸、秧歌、皮影等艺术表演，传承非物质文化遗产。

民俗旅游是文化旅游中的重要典型，更与国家的乡村振兴战略相契合，能够有效促进当地经济的发展。秦皇岛人文历史绵远流长，文化积淀厚重，有天马山庙会、山海关孟姜女庙会、二月二龙抬头节等行为类民俗；有赵家馆饺子、卢龙粉条、青龙水豆腐、北戴河的“杨肠子”等物质类民俗；有抚宁绣花鞋、皮影雕、剪纸等工艺类民俗，有昌黎地秧歌、昌黎民歌、昌黎皮影、青龙猴打棒、青龙皮影戏等精神类民俗，还有抚宁鼓吹乐、北戴河任家班鼓吹乐、山海关喇叭等艺术类民俗。这些民俗文化都是经过长时间沉淀下来的独特且宝贵的文化财富，发展潜力巨大。①

2. 康养产业

随着现代社会生活条件的改善与生活节奏的加快，康养旅游已经成为未来的朝阳产业。秦皇岛市是著名的宜居城市，环境优美，拥有森林、峡谷、温泉等自然景观，全年平均气温 10 ℃左右，也是北方著名的避暑胜地，而秦皇求仙入海的传说更是秦皇岛打造疗养产业的一张金色名片。北戴河沿岸建设了许多疗养度假村，全区疗养基础设施不断完善。例如，经过多年建设不断完善的秦皇岛滨海森林公园，不但进一步提高了疗养服务的质量和水平，也延长了疗养旅游的接待时间。

昌黎的阿那亚休闲社区是疗养产业的典型项目。阿那亚位于秦皇岛昌黎黄金海滩的腹地，拥有 3 公里的私属海滩，远离喧嚣、拥挤和污染。坐拥环渤海自然资源最丰富多样的优质海滩，有罕见的大片刺槐林与天然湿地，内陆纵深，还有大面积的沙丘。阿那亚先后打造了海滨礼堂、孤独图书馆等文化 IP。在产业融合发展的思路下，当地应借助自然资源、传说故事、红色旅游资源等吸引不同年龄层次的顾客，做大做强滨海康养旅游。

3. 海滨休闲产业

作为京津的后花园，秦皇岛是周边地区游客休闲度假的首选，其旅游资源禀赋优越，在方圆 50 公里、车程在 1 小时的范围内，集中了大海、沙滩、湖泊、温泉、青山、森林、湿地和特殊地质地貌等自然旅游资源和古长城、著名关城以及历史传说、名人风物等人文旅游资源，因此无论是从旅游客源市场的

① 郑金芳、金惠新、陆义丽：《秦皇岛市文化旅游发展的对策》，《时代经贸》2017 年第 25 期。

消费能力和消费时间，还是从城市本身的资源禀赋来看，秦皇岛基本具备了打造休闲度假基地的条件。① 在京津冀协同发展的过程中，秦皇岛也应该找准自己的定位，充分发挥自然景观优势，着力打造休闲度假城市。其中，山海关长城作为唯一的海洋长城，更是体现着长城文化与海洋文化密切交融的独特优势。在产业发展中可充分借用这一优势，以长城为引，带动当地海滨休闲产业的融合发展。目前，秦皇岛对于海洋旅游资源的开发进一步延展，建设了绿色滨海长廊、新澳海底世界、黄金海岸海水浴场、乐岛海洋公园、碧螺塔公园等景区。在进行精品旅游线路的规划与设计时，优化了沿线景区串联路径，并借助丰富的海上运动项目打造海洋风情体验活动，让游客在领略了海上长城的雄伟后，体验大海的浩瀚与奇妙。

近年来，秦皇岛昌黎葡萄酒产业发展迅猛，涌现出了华夏长城、地王、越千年等 30 家葡萄酒酿造企业，葡萄酒产量占到全国总产量的四分之一，昌黎也因此被誉为“中国干红葡萄酒城”和“东方的波尔多”。② 作为全国第一瓶干红葡萄酒的诞生地，昌黎的华夏长城干红葡萄酒庄园久负盛名，其产业也是与长城文化符号密切相关的产业。葡萄酒庄园在建设过程中不断探索与旅游业的结合，为参观游客提供餐饮、住宿等服务，并时常举行葡萄酒节等展览活动，这也与秦皇岛的休闲旅游定位相契合，是未来长城文化产业带发展的重要一环。

（四）基于 SWOT 战略的旅游服务质量提升

现阶段，我国的社会发展已经进入可持续发展阶段，转变粗放式发展理念，建设资源节约型、环境友好型社会已经成为全体国民的共识。习近平总书记更是提出了“绿水青山就是金山银山”的口号，进一步将生态文明建设提到了新的战略高度。而在城市建设中，生态文明更是一项重要的评估指标，良好的生态环境不仅是居民的生活保障，更是提升城市形象、推动文旅产业发展的重要因素。

---

① 张东祥：《秦皇岛休闲度假城市建设问题研究——以秦皇岛海港区为例》，《旅游纵览（下半月）》2016 年第 4 期。

② 郑金芳、金惠新、陆义丽：《秦皇岛市文化旅游发展的对策》，《时代经贸》2017 年第 25 期。

1. 生态文明城市建设

生态文明建设带来生态产业要素聚集、城乡基础设施的改善、区域文化资源的丰富、城市居民美好生活需求的扩张和人民素质的提高，而这些正好满足了旅游产业发展对优美生态环境、和谐的社会环境的客观需要，为旅游产业发展提供了资源条件、客源条件、文化环境条件和基础设施。从这个角度上看，生态文明建设的有益实践和理论研究能够有效支撑旅游业发展。① 多年来，秦皇岛市一直在河北省的生态文明建设评价中稳居第一位，全市范围内生态公园不断增加，城市绿化面积不断提高，海滨的木栈道与长廊为当地居民与游人提供了休闲娱乐的基础设施。在今后的发展中，应加强旅游部门与生态文明建设部门的协同合作，统筹发展与规划，通过生态文明的建设以达到促进文旅产业发展的目的。

2. 基础设施提升

基础设施的建设直接决定着城市的承载力与接待质量，其中最基础的便是餐饮与住宿设施建设。为了促进民宿转型升级，实现高质量发展，2020 年北戴河对全区 2000 多家乡村住宿单位进行全面审核，解决了无序发展、低价竞争、品质不高等问题。北戴河村打造的“艺术村落”有 45 家民宿共 130 多个院落，年接待游客 8 万多人次。北戴河的精品民宿先后获得“中国特色民宿top10”“全国民宿产业发展示范区”等多项荣誉，其中北戴河归墟花堂民宿被评为全国首批甲级旅游民宿。秦皇岛的文旅建设中，各大景区制定落实《国家A 级旅游景区整改提升工作实施方案》，景区标识、停车场、游客中心、旅游厕所、步游道以及周边餐厅与酒店等基础设施水平不断提升。

另外，无障碍设施也是提升城市整体承载能力的重要基础设施。无障碍设施是指为了保障残疾人、老年人、儿童及其他行动不便者在居住、出行、工作、休闲娱乐和参加其他社会活动时，能够自主、安全、方便地通行和使用设备，物质环境配套的服务设施。无障碍设施是城市基础设施的有机组成部分，是完善城市功能不可或缺的重要元素，同时它也直接影响着城市对内和对外的

---

① 杨承玥、刘安乐、明庆忠、秦趣、王艳梅：《资源型城市生态文明建设与旅游发展协调关系——以六盘水市为实证案例》，《世界地理研究》2020 年第 2 期。

综合形象。而我国大部分旅游景区无障碍设施的建设还不健全，城市的文明形象也就大受影响。[①] 新时代的文明城市建设中，应做到从细节入手，以提升城市的便捷性为目标，大力推进基础设施的完善，如此才能够提升城市的服务水平以及旅游承载力，以有效促进各产业的进一步发展。

3. 宣传推介工作

新媒体时代文旅产业的发展过程中，宣传环节起着至关重要的作用。随着网络的发展与普及，各种新媒体账号成为人们获取信息的首要来源，在新时期文旅产业的宣传推介工作中，有必要与时俱进，转换发展思路，合理利用新媒体开展宣传工作。在秦皇岛当前利用新媒体所进行的宣传推介实践中，已经出现了不少可以借鉴的成功案例。如阿那亚与三联书店所设立的公益图书馆，在开放前期，以“中国最孤独的图书馆”为定位，在社交媒体发布了大量宣传内容，阿那亚图书馆现已成为著名的网红打卡点。碧螺塔酒吧公园也针对年轻客户群体进行了“网红”营销，在年轻人的群层内打响了口碑。

当今时代，旅游产业蓬勃发展，传统的以观光、游览为主的旅游模式虽然依旧占有很大比重，但游客的消费需求已经开始朝着对旅游目的地自然与人文的深嵌式体悟与康养式品味方向转变，人们旅游的目的、旅游的过程和最终的效果早已转向以获取精神享受为目标。人们在做出旅游决策的过程中，客观对象或环境中的美的信息是吸引人的因素之一，这些信息需要通过各种渠道被受众获悉，并在受众旅游活动的目的地选择中发挥潜在的影响作用，甚至是主导性的作用。而面向大众的旅游宣传品，恰恰自身具有审美特性、文化品位、目的追求，能够担当起推介、宣传旅游产品或旅游产品所在地形象的使命。[②] 因此，在接下来长城文化产业的宣传推介工作中，应充分借鉴故宫等成功案例的营销模式，打造独特的海上长城 IP，通过在官方“微博”“微信”公众号以及“抖音”“快手”等短视频平台形成新媒体宣传矩阵，塑造品牌效应，提高山海关长城 IP 的知名度。

---

① 赵巧香：《景区无障碍设施建设与城市文明形象的提升——以秦皇岛为例》，《大舞台》2012 年第 9 期。

② 李小琪：《旅游宣传品审美特性研究》，硕士学位论文，山东大学艺术学院，2019。

三、打造“天下第一关”文化产业聚集区的具体策略

在长城文化产业聚集区的打造过程中，应注意以长城为核心，形成全方位的产业辐射。具体战略就是，将“长城”这一文化符号做大做强，充分利用其丰富的历史文化资源，形成“长城+”的产业链条，以有效带动周边各行业的协同发展，形成多样化的产业聚集，打造以“天下第一关”为核心的长城产业带。

（一）影视资源的聚集

长城作为重要的无可替代的历史文化遗存被广泛应用于各类影视作品的制作中。

影视剧+长城：张艺谋导演的《长城》可以说是长城系列电影中最著名的一部，其评价虽然褒贬不一，但关于长城符号的运用却是值得借鉴。整个影片的故事架构以长城为中心展开，运用了许多具有中国文化特色的视觉符号，如饕餮、火药、孔明灯、秦腔等，将独具特色的民族文化符号与中华民族抵抗外敌入侵的精神结合在一起。除此之外，还有很多抗战题材的红色影视剧，如《南海长城》《烽火长城》《长城红》等，都展现了长城沿线的中国人民英勇抗击日军，宁死不屈的民族精神。

纪录片+长城：《长城：中国的故事》《望长城》《话说长城》等纪录片，采用纪实的手法，将真实的画面与拥有浓厚人文色彩的解说词相结合，向观众展示了长城的沧桑巨变，也由此展现了中华民族千年历史的兴衰荣辱，或讲述长城脚下的真实故事。此类作品能直观真实地展现长城的历史与人文内涵，向观众普及长城的基础知识，提升观众对于长城这一伟大历史遗产的敬畏之情。

综艺+长城：以长城为主题的综艺，是长城类文化节目的一种全新探索。由北京电视台牵头制作的《了不起的长城》，是第一档以长城为主题的文化体验类节目。与一般的科普节目不同，综艺这一节目类型将科普与游戏相结合，寓教于乐，能够让观众在休闲娱乐的同时，增加对文化知识的了解。《了不起的长城》节目的第一期就选择了长城起点的山海关老龙头进行录制，这也是对山海关长城的有力宣传。

以山海关为核心的长城文化产业带的建设，应将影视行业作为一大突破

口，采用多样的题材，加大对山海关长城的宣传力度，以构建长城的品牌效应。其中，将影视业与旅游观光相结合的影视基地建设也是一个新的思路。传统的影视基地旅游产品开发模式是以景区为核心，着重围绕“吃、住、行、游、购、娱”传统六要素进行旅游产品的功能性开发，开发出来的产品类型单一、文化内涵薄弱、游客体验层次浅等问题突出。在游客旅游消费观念和行为已发生变化的体验旅游时代，传统开发模式下的旅游产品已不能满足新时代游客的旅游需求，影视基地旅游产品急需应对当下大众旅游趋势转变开发理念和模式，进行体验型旅游产品的开发。① 在长城产业带的建设中，可将影视业作为基础，充分借鉴横店影视城、无锡三国影视城等影视基地营销模式，打造长城影视基地，将影视产业与长城旅游紧密结合，实现融合发展。

（二）文化活动启动仪式的聚集

文化活动启动仪式可以达到宣传地方文化的目的，也是推动产业融合发展的一种有效途径。秦皇岛以山海关长城博物馆为依托，已经举办了多场与长城相关的文化活动启动仪式，包括中国长城学会联合人民日报等多家媒体发起的“2006 中国长城新闻采访万里行”活动、《长城》特种邮票的首发仪式、著名纪录片《长城：中国的故事》的开机仪式、《万里长城知多少》的新书发行仪式，等等。此类文化活动启动仪式对于山海关长城的宣传推介以及长城文化旅游品牌的塑造发挥着重要的作用。

旅游文化品牌建设包含旅游文化品牌的塑造和营销。旅游文化品牌塑造是对文化内涵深度挖掘，形成独特的有竞争力的文化活动品牌形象；旅游文化品牌营销主要指运用各种各样的宣传营销手段，广泛传播，不断提高市场份额和游客的认同度。只有将塑造和营销统一起来，才能提升游客对旅游品牌的忠诚度和信任感。

山海关长城借助丰富的人文历史资源，在旅游文化品牌的塑造方面拥有着得天独厚的优势，且已经在前期的品牌塑造中奠定了一些基础，在接下来的发展中，应继续加强对旅游文化品牌的营销，通过丰富多样的文化活动启动仪式，进一步打响“天下第一关”的名号，增强山海关长城的影响力。

---

① 吕佳欣：《影视基地体验型旅游产品开发模式与应用研究——以横店影视城为例》，硕士学位论文，浙江师范大学经济与管理学院，2019。

（三）体验式活动的聚集

随着社会经济的发展与人民生活水平的提高，人们的消费已经不再单纯满足于获得商品的简单线性模式，越来越多的消费者开始注重消费产品的附加值，或追求私人化的个性定制服务。旅游业的发展也是如此，随着全国旅游景点的爆炸式增长与同质化现象的加剧，一些单纯的游览观光项目对游客的吸引力不断下降。在此背景下，体验式游览这一新的发展模式逐渐受到广泛的关注。体验式旅游这一概念最早是从国外引入。加拿大联邦公园部长对体验式旅游的界定为："①体验式旅游是体验经济的产物，旅游产品的重点将从提供服务变成提供体验过程。②体验式旅游是一种个性化的旅游方式。③体验式旅游需要让游客深入了解旅游地的自然和人文内涵，并引导游客参与各种活动。"① 这一定义除了提出旅游的参与性特点，还明确了体验旅游项目应该依托一个明确的主题。但目前秦皇岛对体验式旅游的开发较为薄弱，仅有的几处农业体验观光园在内容定位与项目开发上比较雷同，缺乏明确的主题与特色；举办的专题体验游览活动也较少。

根据山海关长城现有的文化资源，可着力打造以下主题的体验式游览项目：

滨海长城主题：以长城文化为核心，在项目设计中重点突出海洋文明与陆地文明的交融内涵，将长城攀爬与海洋休闲、海上运动、海底世界游览等海洋项目相结合。

红色抗战主题：以抗战精神为线索，以点带面，整合长城沿线抗战纪念馆等资源，针对中老年等特殊年龄层，设计红色抗战主题长城线路游。

关隘军事主题：对长城上现存的关隘、城楼等遗迹进行修复与改造，设置大炮等军事器械的可操作模型，增加游客游览过程中的参与感、体验感。

秦皇求仙入海主题：在山海关的开发建设中，注意统一建筑的风格布局，打造仿古建筑群，设计秦时风格的特色古街区，最大程度提升游览时的代入感。同时，注意融入文化元素，对周边纪念品、住宿、餐饮等进行统一规划。

---

① William L S, "Experiential tourism around the world and at home: Definitions and standards," *International Journal of services and standards* 1, no. 2(2006): 1-14.

对体验式旅游的建设，除了整体风格上的规划，景区配套的服务设施以及良好的服务质量都必须予以考虑。在旅游体验建设中，应加强基于互联网的智慧旅游建设，使旅游管理向智慧化迈进，整合各类资源为游客提供方便、快捷、优质的一站式的新型旅游服务。只有融合现代信息技术，旅游业才更有张力，才能展现出强大的拉动作用。

改革开放以来，旅游业为我国经济社会发展做出的贡献不断增加。当前兴起的基于互联网技术的智慧旅游，不仅可以提升旅游体验度，大幅降低管理与运营的成本，也能够很好地带动区域内其他产业的共同发展。此外，智慧景区的建设也是提升游客体验度的一种有效方式。

（四）文艺演出的聚集

现代社会生活节奏的加快给人们带来了很大的精神压力，旅游逐渐成为人们放松心情、排解压力的一种方式，旅游观光过程中的精神享受也因此显得格外重要。旅游演艺作为一种新型的产业模式，是近年来文化产业与旅游业深度融合的有益尝试。一些具有特色的旅游演艺产品，对于提升当地旅游项目的文化内涵，丰富游览项目，提高游客的参与感以及打造地方旅游品牌起到了重要作用；同时，对于带动地方经济的发展与社会效益的提升也有着积极的意义。在我国当前的旅游演艺市场中，已经出现了一批诸如《宋城千古情》《印象·刘三姐》等制作精良、内容丰富的优秀旅游演艺产品，其类型大体分为主题公园类、实景类等。由张艺谋导演亲自操刀设计的大型山水文化演出《印象·刘三姐》作为较为成功的案例之一，从产品创设层面来看，可总结出以下几点经验：

①突出地域特点，同时依据市场需求构建鲜明、适宜的特色主题。

②充分运用创意元素，突出产品个性。

③重视自然与人文生态保护性开发，坚持可持续发展的产品发展理念。

④优秀创作演出团队与优质设施设备的完美结合，孕育一大精品。

《印象·刘三姐》将生活气息浓郁的表演内容与全新时尚的表现手法相融合，最大限度地满足现代观众的体验与审美需求。①

---

① 余琪：《国内大型主题性旅游演艺产品开发初探》，硕士学位论文，华东师范大学经济与管理学部，2009。

山海关所拥有的独特海上长城文化无疑是打造此类文艺演出的优质资源。在山海关旅游产业拓展的过程中，可以依托长城文化，借鉴如《印象·刘三姐》的经营模式，打造“天下第一关”为主题的实景类大型演出。

当地应在加大政策、人才与资金扶持的基础上，制定合理的经营策略，将文化与旅游两大产业有意识地进行融合。这其中的关键在于独具特色的主题内容开发。可以考虑将当地的皮影、秧歌等民间艺术以及红色内容融入演出项目，这不仅能够扩展受众范围，也能够带动当地民俗产业的发展，拉动当地居民的就业，进而推动当地经济的增长。同时，积极的营销宣传也不容忽视，在互联网时代，优质的内容更加离不开积极的宣传与推介。除了在社交媒体上的宣传营销，还可以与当地的旅行社进行对接，通过优惠补贴等方式将演出规划到旅行线路中，为演出增加游客来源。而在旅游演出品牌打响后，相关的文创产业可借势发力，开发与长城形象相关的文创产品，如书签、摆件、文具、工艺品等，也可以售卖与演出相关的书籍与影像制品，做到最大程度延伸产业链。最后，尤其要注意的一点就是环境保护问题，在开发相关演出产品的同时，要做好对长城遗迹的修复与保护工作，在演出布景、道具的使用中注意环保问题；同时加强宣传力度，呼吁游客文明游览，只有如此才能实现对长城资源的可持续利用与发展。

根据《长城国家文化公园（秦皇岛段）建设保护实施规划》，长城国家文化公园（秦皇岛段）项目建设涵盖 3 区、2 县，以长城为中心向两侧延伸，辐射范围达 446 平方公里，将打造以长城为轴、联动相关景区共同发展的旅游带。秦皇岛应以长城国家文化公园建设为抓手，将长城文化符号融入文旅产业，开发新业态，将“登临长城”与康养、民俗体验、海滨休闲等融为一体，构建山海关长城文旅产业聚集区；在旅游线路建设的基础上，形成北部山地长城国家文化公园建设与南部一流国际旅游港建设山海联动、两翼驱动格局，从而推动全域经济发展。同时，作为长城文化国家级名片，长城国家文化公园（秦皇岛段）的建设发展能够提升长城文化在国际文旅市场上的影响力。

第六章 承德以“金山岭”长城为中心，打造“最美长城”品牌

承德位于河北省东北部，南临京津，背靠蒙辽，具有特殊地缘优势，扼华北平原通往蒙古高原与东北地区的要冲，历史上曾为游牧民族与农耕民族的交会地带。据考古资料及文献资料记载，承德大地上遗存有燕、秦、汉、金、明等时代的长城，其中金山岭长城最为著名。

一、承德境内长城的基本情况

承德境内长城墙体总长度约540公里，基本分布情况如下：

燕、秦长城：位于丰宁、围场境内，全长约182公里。大部分段落都呈土堰状，原来的形态不存。燕、秦长城西端起点位于沽源县二道渠乡与丰宁满族自治县鱼儿山乡交界处，经万胜永、外沟门进入围场满族蒙古族自治县，由西向东经西龙头、牌楼、半截塔、三义永等乡镇，在二龙库水库出境，全程横贯丰宁、围场两县北部。1752年，清代乾隆皇帝在木兰围场行围中发现“木兰自东至西，延袤数百里中，横亘若城堑之状，依山连谷，每四五十里辄有斥堠、屯戍旧迹”，经过实地考察后，写了《古长城说》一文，并竖碑记录，为我们研究古长城提供了珍贵的资料。

汉长城：主要位于滦平、丰宁交界处和隆化郭家屯、承德县北部等地，重要的关口常常建有驻军的障城。汉长城另一具有特色的防御设施为烽燧（又称烟墩、烽火台），承德境内的汉长城，大部分是以列隧的形式设立。这些汉代烽燧分布于滦平、隆化和承德县等多个县区，共有360余座。这些烽燧多沿古今交通路线分布，大部分处于视野开阔的丘陵及山峦之上，与其他防御设施共

同构成密集分布的防线。

金界壕：金代界壕位于丰宁草原乡草原村村北，呈东南—西北方向。东起骆驼场风水山，一直向西进入边墙沟里后进入内蒙古多伦县境，全长约 8 公里。金代界壕（丰宁段）建于金承安三年（1198 年），以所在地及修筑朝代而得名，群众也习惯称“边墙”或“头道边”。

明长城：承德境内明长城属蓟镇范围，东起宽城铧尖乡三道岭附近，向西过兴隆县、承德县，至滦平营盘乡进入北京密云境，全长近 300 公里，分布在宽城满族自治县、兴隆县、承德县、滦平县等地。长城上有烽燧、挡马墙、界壕、水门等 420 余座。金山岭长城是承德明长城最具代表性、保存最完整的地段之一，位于滦平县与北京市密云区交界处，于明代洪武年间由徐达主持修建。后在隆庆年间，由抗倭名将蓟镇总兵戚继光、蓟辽总督谭纶在原基础上进行大规模续建、改建。

二、承德长城文化和旅游产业带发展现状

承德在长城保护和文旅产业带发展方面做了很多有益探索。

1. 认真开展长城保护基础工作，提升长城保护管理水平

承德各县区文物保护部门按照属地管理的原则依法对长城进行保护管理。具体措施上，首先建立长城保护档案，对长城本体及其文物等进行全面统计，对部分长城重要点段树立了保护标志。特别是对辖区内散落的长城文物及城砖进行了全面调查统计，如 2015 年的一次调查中发现并登记散落在农户家的城砖 107 200 余块。其次是及时掌握长城实际情况，对倒塌、松动等部位进行加固、维修。从 2010 年到 2015 年，承德文物保护部门对金山岭长城后川口倒塌部分进行了维修，对涝洼段三道边长城进行加固，对西梁砖垛楼至大金山楼 2000 余米的马道、墙体碎裂松动城砖进行了替换，对沙子沟楼至碾子沟楼段进行了维修并于 2016 年底通过了省级文物部门验收。此外，承德还开展了对宽城喜峰口段长城修整等多项工作。

2. 以“5A”标准整改创建，加强长城景区管理工作

对照国家 5A 级旅游景区评定标准，本着“查漏补缺，全面提升”的原

则，2014年金山岭长城管理处投资3000万元，实施四大重点建设项目，从管线入地、污水处理、停车场、卫生间等方面加强基础设施建设，利用“两微一端”、条幅、标语、宣传栏、电子屏等方式进行宣传，做好职工培训，提升人员素质，同时做好督查工作，对道路、停车场、商业街、智慧旅游等基础建设进行全面改造提升。2017年，金山岭长城顺利通过国家5A级景区景观质量评定。专家组评价，金山岭长城在自然景观价值上具有不可替代性，同时具备深刻的人文科学价值和历史文化价值；除此之外，其市场影响力和美誉度也较高。

3. 加强长城保护员队伍建设

2016年，承德市文物局组织召开长城保护员培训会议，对承德各县区长城保护员进行业务培训，使长城保护员进一步熟悉了承德长城基本情况，了解了长城相关法规政策和相关工作要求，明确了职责，为更好地开展长城保护工作打下了坚实的基础。2021年，承德市各县区文物部门为长城保护员统一配发夏秋季户外服装、望远镜、手电筒、双肩背包、遮阳帽、雨衣、保温壶、登山杖等巡查装备以及对讲机、刀锯等应急设备，为长城保护员的工作提供便利。

4. 深入挖掘长城历史底蕴，丰富长城文化内涵

承德市各县区文物部门除了对长城进行保护管理外，还做了大量的研究工作，《河北围场境内的古长城和古城址》《河北丰宁境内的古长城和金代界壕》《从金山岭长城看长城敌楼的建筑形制》《古代长城砖瓦的制作》《长城的武器——礌石的种类和作用》和《从库房楼铺房看金山岭指挥机构》等一大批与长城有关的学术文章相继在国家级、省级专业刊物上发表，为研究长城历史提供了重要资料，充分展示了承德市长城的内涵，同时也调动起人们热爱长城、保护长城的责任意识。

5. 依托长城资源，创新旅游形式

承德将长城与体育、摄影、比赛等相结合扩大长城影响力。金山岭长城景区目前常规的活动有踏春出游之“杏花节”、国际摄影节、国际马拉松比赛以及国际艺术节等。此外，在金山岭长城还举办过金山岭长城徒步大会、全国青

少年文化遗产知识大赛等。承德通过举办大型的有影响、有特色的活动对金山岭长城进行宣传，极大提升了金山岭长城的品牌效应。尤其是在1999年，金山岭长城景区举办了“万人穿越金山岭长城”的活动，打通“金山岭长城—司马台长城”穿越线路，还吸引了诸多国外户外爱好者参与，扩大了长城的影响力。

在品牌传播方式上，承德积极推动新载体的运用。2020年，第八届金山岭长城杏花节推出“云游金山岭”大型系列网络直播活动；2021年，电商“网红”走进金山岭开展直播活动。目前，承德积极探索新技术应用方式将互联网技术和数字化、智能化等手段运用到金山岭长城的开发上，推进智慧化旅游，为游客带来全新的体验。

6. 以长城国家文化公园建设为契机，进行长城保护开发提档升级

建设长城国家文化公园的国家战略举措，对于承德构建全域全季旅游发展新格局，推进国际旅游城市建设，具有强劲的带动引领作用。承德市委市政府高度重视，以此为契机，成立专门的领导小组和专家队伍，做好相关工作的组织和支持。

2019年底，长城国家文化公园（承德段）启动建设。2020年6月18日，《长城国家文化公园（承德段）保护建设实施方案》编制完成。根据方案，承德搭建“一带三区”的长城国家文化公园整体空间结构，即明长城遗产保护带、燕秦汉金长城遗产保护区、金山岭长城文化遗产保护利用区、喜峰口长城文化遗产保护利用区，以“一带引领、南连北融、重点建设、全线振兴”作为实施战略统领公园建设。围绕保护传承、研究发掘、环境配套、文旅融合、数字再现等工作，承德计划总投资173.9亿元，最初确定了14个长城国家文化公园重点建设项目，其中滦平县金山岭长城区域13个项目，宽城喜峰口长城区域蟠龙湖景区综合管理服务中心1个项目。在此基础上，根据实际情况，建设项目也会适时调整。2022年初，长城国家文化公园（承德段）重点项目——滦平县金山岭长城保护展示工程（一期）和滦平县涝洼五道梁段长城抢险加固工程顺利完工。承德以长城国家文化公园建设为契机，对长城保护开发进行了升级。

三、承德长城文化和旅游产业带发展面临的问题

（一）自然因素对长城造成破坏

长城历史悠久，受雨水冲刷、雪水冻融、洪水、地震、雷击等自然因素影响，承德段长城敌楼、马道、垛口墙等长城本体被不同程度损坏，坍塌、漏雨等情况也极为常见，这里还曾有“拐角楼”一角被大风吹倒。另外，在长城上的植物根系生长，对长城的损坏初期不明显，但随着时间的积累，由量变引起质变，造成长城墙体开裂、下沉等。承德段长城不少点段已淹没于荒草、废渣中，或者仅可见土堆、碎石，很多地段的古长城破败不堪。

（二）人为因素对长城的破坏

交通及工程建设、居民的生产生活活动、游客的不文明行为也会对长城造成破坏。交通及工程建设对长城的破坏，主要指未经文物部门允许在长城保护范围内和建设控制地带内修建公路、铁路穿跨长城，擅自采矿、开山取石及在长城两侧开办工厂等对长城造成的影响和破坏。目前，虽然此类情况很少发生，但也不能放松警惕。

居民的生产生活活动和盗卖长城城砖对长城造成破坏。这种情况在 20 世纪中后期比较严重。由于周边居民对长城的保护意识不强，早些年沿线居民就地取材将长城城砖拆下来建房屋、搭猪圈等，将长城城砖当作建筑材料使用。2015 年，承德市文物局组织人员对辖区内散落的长城文物及城砖进行了全面调查统计，发现并登记散落在农户家用来砌墙盖房的城砖共 107 200 余块。自 20 世纪 80 年代开始，特别是《长城保护条例》公布后，公众长城保护意识日益增强，拆长城城砖盖房的现象已杜绝。但由于长城碑刻和文字砖具有一定的收藏价值，一些文物贩子受利益驱动，偷盗长城城砖尤其是文字砖的现象还时有发生，对长城的破坏很大。

游客在旅游过程中的不文明行为也会对长城造成破坏。游客量的增加给长城带来了巨大的压力，游客乱写乱画、随意攀登和踩踏等行为时有发生。还有些人随意在城墙下丢垃圾，不仅不好清理，还破坏了整体风景。另外，随着探险游的升温，到无人看护的“野长城”探险旅游的游客数量也日渐增加，这种

探险行为使原本就脆弱的“野长城”受到破坏。

《河北省长城保护条例》明确了8种禁止在长城上从事的活动，包括取土、取砖（石）、挖掘；种植、养殖、放牧；刻划、涂污；架设、安装与长城保护无关的设施、设备；驾驶交通工具或者利用交通工具等跨越长城；展示可能损坏长城的器具；有组织地在未辟为参观游览区的长城举办活动；法律、法规禁止的其他活动。此外，禁止挪动、损毁、刻划、涂污长城保护标志及其保护设施，禁止倒卖长城砖、石碑石刻、铁炮、匾额等长城文物。①

（三）区域性合作协同发展有待进一步提升

长城是线性的文化遗产，在分段保护的过程中，会由于管辖权责不明引起争端，尤其在以长城中线为界进行划分的市区，这个问题更为严重。长城保护管理中曾存在着“谁修缮开发，谁管理受益”的不成文约定，对于开发前景好的长城，经常发生争抢的情况，而对于管理修缮难度大的通常又相互推诿。承德的滦平金山岭长城沙子沟楼至碾子沟楼修缮项目和宽城喜峰口段长城现状修整项目在实施过程中就受到过相邻市、县的阻挠。划清权责，施行区域性合作，才有利于长城的整体保护和开发。

目前，承德还处于“旅游大市”向“旅游强市”的发展蜕变过程中，应深化京津冀一体化，发挥区位优势，找准位置和前进方向，在协同发展方面培养增长极，带动全域发展。

（四）文化创意和数字化技术运用有待进一步深化

承德旅游业目前主要还是靠传统“门票经济”获得附加值，旅游产品总体上来说大部分还是观光型产品，产品附加值不高，亟须深入挖掘有创意的文化旅游产品，打造有效的品牌。如何最大程度发挥承德旅游资源的潜力，这需要文化创意、产业开发等方面的专业人员的智力支持。但目前承德地区能将市场和创意连通起来的人才不足。

另一方面，数字技术和新媒体技术迅猛发展，如何借助互联网数字技术实现旅游的升级迭代，在智慧化、智能化的便捷式、沉浸式旅游项目中，满足游

---

① 参考《河北省长城保护条例》，《河北日报》2021年4月30日第8版。

客的深层体验，增强旅游产品的黏性，是承德长城文旅产业发展亟待提升的地方。截至2019年底，承德智慧旅游大数据平台与49家景区（点）、148家旅行社、48家旅行社分社、284个旅行社服务网点实现数据对接的同时，接入客运交通、市场监管、气象监测等横向部门涉旅数据，并与河北省旅游大数据分析平台实现对接，推进旅游景区数字化、智慧化建设。另外，承德还开发了“一部手机游承德”手机小程序，为旅游信息搜索提供方便。将文化创意与数字化建设进一步融合，将有效推动长城文旅产业发展。但总体来说，承德长城文旅产业发展需在文化创意与数字化技术运用方面进一步发力，数字时代亟须航拍建模、3D建模、数据库、监测中心等建设。

四、承德长城周边丰富的资源

承德，曾称“热河”，因境内资源丰富、生态良好，有“塞外明珠”“华北绿肺”之称，这为当地长城文旅产业带的发展提供了有力支撑。承德境内有55处国家A级景区，同时承德也是文物大市，地上地下文化遗存1300多处，包括世界上现存最大的古典皇家园林——避暑山庄，世界上最大的皇家寺庙群——外八庙。其中，普宁寺有世界上最大的木制千手千眼观世音像。此外，承德还有塞罕坝国家森林公园、雾灵山国家级自然保护区、磬锤峰国家森林公园、双滦区双塔山景区、“小张家界”之称的兴隆山景区等风景独特的自然资源。从塞罕坝森林小镇到丰宁大滩的国家一号风景大道，全长180公里，就像是一条轴线将沿途风景串联到一起。承德市曾获中国优秀旅游城市、十大文明风景旅游区示范点、国家园林城市、中国特色魅力城市200强、中国十大特色休闲城市等诸多荣誉。

1. 承德避暑山庄及周围寺庙

避暑山庄及周围寺庙于1994年被联合国教科文组织列入世界遗产名录，是国家5A级旅游景区、全国重点文物保护单位，以独特的清代皇家文化、宗教文化以及园林文化等著称，融合中原文化、满蒙文化与草原文化于一体，形成了博大精深、独具特色的“大避暑山庄文化”。

避暑山庄位于承德市双桥区，又称“热河行宫”“承德离宫”，清康熙四十二年（1703 年）动工兴建，至乾隆五十七年（1792 年）落成，历时 89 年。作为消夏避暑的地方，清代有几位皇帝几乎每年四月、五月都来这里处理政务，九月、十月待天气转凉再返回北京。整个山庄占地 564 万平方米，分为宫殿区和苑景区两部分，宫殿区由正宫、松鹤斋、万壑松风和东宫 4 组建筑组成，苑景区分为山区、湖区、平原区三部分。山庄兼具南秀北雄的特点，以康熙皇帝和乾隆皇帝命名的 72 景最为著名。山庄还有被当地人称为“小长城”的山庄宫墙，长约 10 公里，形似长城。

环列在避暑山庄东部和北部山麓的皇家寺庙群，占地 47.2 公顷，建筑面积 6 万多平方米。其中，布达拉·行宫景区占地 25.79 万平方米，由皇家寺庙群中的普陀宗乘之庙和须弥福寿之庙组成，俗称小布达拉宫和班禅行宫。热河文庙建于清乾隆四十一年至四十四年，与北京孔庙、曲阜孔庙齐名，为全国三大孔庙之一。

2. 承德木兰围场风景区

承德木兰围场风景区主要包括塞罕坝国家森林公园、御道口草原森林风景区、红松洼自然保护区。

塞罕坝国家森林公园位于围场满族蒙古族自治县北部，是我国最大的人工林森林公园，总面积 140 万亩。景区内有七星湖湿地公园、泰丰湖、康熙点将台、塞北佛石庙、白桦林、塞罕塔、亮兵台、十里画廊等景点，全园有维管植物 600 多种，有野生动物 100 多种，人文遗迹与自然风光并存。塞罕坝紧邻的是御道口草原森林风景区，是滦河发源地之一，也是 1998 年版电视剧《还珠格格》的外景地之一，有原始草原 70 万亩，湿地 20 万亩，天然淡水湖 21 个。

塞罕坝历史上是皇家猎苑木兰围场的一部分，水草丰美。后来由于开围放垦、连年战争以及自然灾害，新中国成立前，塞罕坝已成为风沙漫天的荒原，生态遭到严重破坏。塞罕坝自 1962 年建立机械林场便开始了半个多世纪的造林活动，经过三代人的不懈努力，荒原变成林海。2017 年、2021 年，林场先后荣获联合国环保最高奖项“地球卫士奖”和防治荒漠化领域最高荣誉“土地生命奖”。塞罕坝精神是中国共产党精神谱系的组成部分。习近平总书记指出，全党全国人民要发扬这种精神，把绿色经济和生态文明发展好。

3. 新型文旅产业加快发展

除了传统的旅游项目，承德深化文旅产业开发，探索“旅游＋文化”“旅游＋温泉”“旅游＋体验”“旅游＋夜经济”等一大批新型文旅产业发展路径，建设主题小镇、文化产业园。比如，坝上地区的中国马镇旅游度假区，以马文化为主题，按照“草原丝绸之路”走向划分功能板块，以异域建筑风格、异域风情的演艺集群，结合酒店、主题乐园、酒吧、美食街等场景打造全季旅游综合体；鼎盛元宝街将皇家文化融入市井生活，大型实景演出《鼎盛王朝·康熙大典》，在近2000平方米的360度旋转舞台上由数百人参演，展现恢宏的历史场景；阿那亚金山岭小镇将文化体验、休闲度假、旅居康养等融合发展，注重游客体验，举办多项活动，是长城国家文化公园（承德段）重点建设项目之一。2019年，阿那亚金山岭小镇内独具特色的山谷音乐厅获第66届美国P/A建筑奖（进步建筑奖）。

4. 民俗美食

在承德聚居有25个少数民族，这里也因此有多元浓郁的民族风格文化和美食。目前，承德有非遗项目10大类249项，其中人类非物质文化遗产1项、国家级10项、省级73项，拥有非遗传承人165位。抡花、滕氏布糊画、契丹始祖的传说、山庄老酒酿造技艺、板城烧锅酒老五甑酿造技艺、平泉羊汤制作技艺、隆化二贵摔跤、宽城背杆、丰宁满族剪纸、丰宁满族吵子会、萨满舞、热河清音、满族刺绣等展现了承德的传统民族技艺和文化。承德素有剪纸之乡、摄影之乡的美称，同时也是我国普通话标准音采集地。承德特色美食有满族八大碗、平泉羊汤、八沟改刀肉、御土荷叶鸡、承德凉粉、煎碗坨、荞面饸烙、拨御面、平泉御膳糖饼等，同时还有承德杏仁、兴隆柿子、隆化大米、都山水豆腐、丰宁莜麦等特产。

五、承德长城文化和旅游产业带发展的策略

（一）以政府规划中的长城文化旅游发展为基本遵循

根据《承德市城市总体规划（2016—2030年）》，承德市将建设3个副中心城区，承德市区空间结构为“一心、三副、两带、两区”。其中，一心指中

心城区；三副指营子区、承德县和滦平县。根据规划，滦平县的金山岭区域在未来规划建设中将会升级为中心城。根据2022年印发的《承德市旅游业高质量发展规划》，承德将构建“一核三带八组团多级”空间格局。一核，即推动承德市由旅游集散地向城市休闲旅游目的地转变，打造集旅游集散、文化体验、休闲度假、健康养生等于一体的旅游产业聚集核。三带，即环京津长城文化旅居康养度假带、皇家御道历史文化旅游带、坝上草原森林生态康养旅游带。八组团，即围场塞罕坝—御道口森林草原康养组团、丰宁—大滩镇草原生态康养组团、滦平—金山岭冰雪文化休闲度假组团、兴隆山—鹰手营子山水乡村微度假组团、隆化—温泉康养度假组团、宽城喜峰口—蟠龙湖生态休闲度假组团、平泉生态民俗文化休闲度假组团、承德县生态休闲度假组团。多级，即以优质旅游景区（度假区）、省级文化和旅游名县、省级旅游名镇、旅游重点村为核心的多级目的地。

长城文化旅游已纳入承德旅游业发展规划，而且成为承德旅游业发展的方向之一。将长城文旅开发与自身地理位置相联系，将北京、天津纳入辐射范围，找准旅居康养度假定位，有助于推动承德长城文化和旅游产业的进一步提升。

（二）以金山岭长城为中心的开发

金山岭区域位置优越，向西连接怀柔，向南串联密云，向北联通承德，交通十分便利，处于北京、天津、辽宁、内蒙古地区的交会点，素有“首都北大门”之称。随着金山岭区域的战略位置日益凸显，金山岭长城的发展也充满着无限的机遇。作为知名度很高的长城，承德以金山岭长城为中心，打造承德长城带开发的最美系列。

1. 金山岭长城的特色

金山岭长城具有“万里长城，金山独秀”的美誉。金山岭长城军事防御体系健全，建筑精美，处处为景，拥有障墙、文字砖、挡马石和麒麟影壁“四绝”亮点，是万里长城的精华地段之一。金山岭长城西起龙峪口，东抵望京楼，大致呈东西走向，全长10.5公里，有关隘5处、敌楼67座、烽燧3座。

（1）金山岭“四绝”

障墙。障墙意为像屏障一样的墙，是保护士兵的有效手段。修建时遵循“因地形，用险制塞”的原则，在不同的地势采用不同的修筑方式，形成高下相间、突兀参差的样态。从远处望去，犹如一层层阶梯似的障墙，可防止守城士兵暴露，使其免遭来犯之敌的射伤，并为守城士兵提供藏身之处。与此同时，在障墙上还设有瞭望孔和射击孔，便于观察敌情和阻击敌方的进攻。障墙还有一种特殊的功能，那就是一旦敌人攻上墙来，障墙变为“战墙”，守城士兵可以层层据守，步步为营。

文字砖。著名长城专家朱希元曾说，金山岭长城的文字砖墙在中国万里长城上是独一无二的，具有很高的文物价值、观赏价值及军事科学研究价值。在金山岭长城的最东侧有一段长为 525.2 米的文字砖墙，其中约 70％的城砖上面都刻有文字。砖长约 37 厘米，宽约 19 厘米，厚约 9 厘米。砖坯上的字是在入窑前就打在了砖料上，主要用来记载烧制城砖的单位和时间，因此具有非常独特的价值。例如，刻有“万历五年山东左营造”“万历四年震虏骑兵营造”“万历五年宁夏营造”“万历六年振武右营造”“万历六年振虏骑兵营造”“万历七年德州营造”等文字，一是说明当时调动附近各路军事力量共同施工，分工合作建造此段长城。二是由文字可知城砖所属的军队番号，可记录修建该段长城的施工队伍和指挥者名字，以便进行质量追踪管控。将质量问题与相关责任人相联系，可避免粗制滥造，确保生产质量。正是在统一的标准、明确的分工、严格的质量跟踪机制和问责机制的影响下，金山岭长城才能历经 400 多年的风雨沧桑仍旧保存完整，在这里能看到长城最真实的样子。

挡马石。挡马石是修筑在边墙外侧的一人多高的石墙，主要为了减缓敌军骑兵进攻的速度，与敌楼的战台和长城伸出的支墙相互配合以控制战场局面和增大防御弹性。支墙向前延伸阵地，大概与长城成垂直角度，上面的守军既可以配合主墙守军对敌形成犄角合围之势，从侧翼对敌军实施打击，也可保卫指挥所。

麒麟影壁。麒麟影壁是金山岭长城的又一建筑精品，位于金山岭长城小壶顶楼二楼，历经 400 多年的风雨侵蚀依然保持原貌。影壁墙高 2 米，宽 2.5

米，四边镶有砖框，中间用15块（横向5块、竖向3块）方砖拼制成一幅麒麟浮雕的画面。画面中麒麟的神态动感十足，麒麟脚踏祥云，挺胸翘尾，鬣毛飞扬，头回扭，张口吐舌，双眼望向身后楼橹上的望亭，生动的形象为金山岭长城增添了几分活力。在麒麟的周边，搭配了许多小图案做点缀，如小鹿、小鸟，还有灵芝。麒麟在我国古代传说中是瑞兽。麒麟影壁出现在金山岭长城上，也充分表现了戍守长城的士兵祈盼和平吉祥、憧憬幸福生活的美好愿望。

（2）关口与敌楼

金山岭长城的关口主要修筑在深沟峡谷或军事要地的隐蔽处，两侧均有石梯或砖梯通到城墙之上。凭借关口，可达到“一夫当关，万夫莫开”的效果。金山岭长城的主要关口有桃春口、砖垛口、沙岭口、后川口等，这些关口不仅能御敌，还便利了长城内外的交流。

密集的敌楼是金山岭长城的一个突出的特点，这在其他段长城是罕见的。在10多公里的长城上，筑有91座敌楼，敌楼之间的距离最短的不到60米，最长的不过200米。敌楼大多数为双层，下层楼内有纵横6条砖砌拱道，10个券门，可自如运兵；上层楼有一个砖砌小铺房，供守城士兵使用。两层之间设置隐蔽的石梯或砖梯相通。每一座敌楼的四面墙上都有射击孔、瞭望孔，楼内能容纳六七十人。

（3）建筑艺术长廊

金山岭长城可谓是古代建筑艺术的长廊，有着数不清的射击孔、瞭望孔、吐水嘴，以及各式各样的图案。长城上敌楼形式多样，可谓一楼一式，有方形楼、扁形楼、圆形楼、拐角楼；有平顶的、穹隆顶的、船篷顶的、四角钻天顶的、八角藻井顶的，还有个别造型奇特的敌楼。有些敌楼的飞檐上还装饰有各种花卉、兽类的雕刻；有些敌楼有形象鲜明的名字，流传有传说故事，如将军楼、仙女楼、望京楼、桃春楼、狐顶楼、棒槌楼等。

（4）珍贵文物

文物工作者在金山岭长城上发掘出1000多件具有科学研究价值的珍贵文物。这些文物作用不一，有作战用的，如火炮、石镭、手雷、刺马针、箭头、铁弹丸等；还有日常生活用品，如石臼、石杵、菜刀、油灯、陶罐、瓷碗、酒具、铜币、石磨、香炉等。甚至，被埋藏了300多年的5个石镭里面的火药至今仍能起火。还发掘有隆庆三年（1569年）、隆庆四年的石碑，为主持修筑长城的戚继光等部队将领和支持修筑长城的地方官吏竖立。另有一块石碑的碑文中，记载着修筑一座敌楼的时间是万历三十七年（1609年），规格是周长八丈（约27米）、高二丈七尺（9米），顶部盖铺房一间，施工部队是宁山营。

（5）景色优美

登上金山岭长城，除了能领略长城本身的雄姿之外，东西南北各个方向皆为风景。东面是燕山山脉第一峰——雾灵山；西面是卧虎岭，守卫在北京的北大门——古北口；南面是密云水库；北面是山涛云海。加上蓝天白云的衬托，这里构成了一幅壮丽的北国风景画。

金山岭长城周边一年四季有不同的景色供游人观赏。春天满山嫩绿，桃花、杏花，以及各种不知名的野花竞相开放；夏天，树木更加郁郁葱葱，山间溪水潺潺；秋天，漫山红遍，各种野果挂满枝头；严冬雪后，银装素裹、蜿蜒起伏的长城更有一番景象。

金山岭长城城墙下宽上窄，沉稳坚固，底部用三四层条石奠基，上部用长方形青砖包砌，白灰砌缝，墙内用土、沙、石填方，敌楼、券门、马道、排水道、礌石孔、剁墙、垛口、宇墙等无不显示了长城建筑高超的智慧和艺术。虽历经400多年历史风雨考验，原始风貌依旧保存良好，其文物古迹、军事设施、古建筑艺术等都有很高的观赏价值和科学研究价值。

2. 以金山岭长城为中心的长城文旅开发潜能

金山岭长城作为长城的组成部分，于1987年被列为世界文化遗产，1988年列入第三批全国重点文物保护单位名单，2020年12月被评为国家5A级景区。金山岭长城景区是一个自然资源与人文资源相结合的旅游胜地，曾获评联合国“全球百佳可持续目的地”称号。金山岭长城也是万里长城最美的一段，是摄影爱好者的“天堂”，金山岭长城的夜景、雪景等不同季节和时段的摄影作品常见于媒体平台。景区内修建了一条长1000米的索道，开发了3公里的夜长城，将长城白天和夜晚的不同景致呈现给游客。

（1）金山岭长城资源基础良好

第一，金山岭长城景区有着良好的地文景观。这里峰峦叠嶂，长城随着山势蜿蜒起伏。这里的丹霞地貌、山地垂直自然带等具有较高的观赏性。第二，野生动植物资源丰富。这里有油松、桦树等乔木、灌木，以及蒿类、白羊草等草本植物。境内生活着灰鹤、杜鹃、金雕等鸟类，以及赤狐、松鼠等兽类。这里有河北省重点保护动物，也有国家Ⅰ级保护动物、国家Ⅱ级保护动物。被称为“鸟中大熊猫”的黑鹳在这里出现，甚至有摄影师拍到成群的野猪。第三，这里属中温带向暖温带过渡的燕山山地气候，春季、夏季和秋季气候相对舒适，为休闲旅游提供了自然、康益的环境基础。尤其6月至8月非常适宜旅游活动。

（2）金山岭长城开发可实现与周边资源的协同发展

金山岭长城良好的周边旅游资源可与长城联动开发。比如，华北地区最大的原始次生白桦林——白草洼国家森林公园，典型的侏罗纪丹霞地貌——碧霞山地质风景区、国家级非物质文化遗产“抡花”等旅游资源都适宜与长城资源联动开发。

金山岭长城周边还有行宫御道资源可供协同开发。滦平御道和行宫建于清代初期。行宫御道文化带状分布，御道从古北口起由西南向东北直至化育沟，沿途依次有巴克什营行宫遗址、两间房行宫遗址、长山峪行宫遗址、安子岭行宫遗址、王家营行宫遗址和化育沟行宫遗址等。京承皇家御道第一站便是金山岭长城。

清代木兰围场、避暑山庄是我国长城文化的延续。避暑山庄及周围寺庙于1994年被联合国教科文组织列入世界遗产名录，是国家5A级旅游景区、全国重点文物保护单位，以独特的清代皇家文化、宗教文化及园林文化著称。避暑山庄距金山岭长城90公里，中间有高速路连接，车程约一个半小时。将清代皇家文化与长城文旅发展相结合，可拓展长城文旅的丰富性，有利于滦平地区打造多业态全域旅游格局。

另外，金山岭长城连接着司马台长城和古北口，可打破区域的限制在交通、项目等方面进行联动开发。

(3) 金山岭长城所在地区多元文化特征明显

金山岭长城所在的滦平县是一个以满族为主多民族聚居的少数民族县，据《承德府志》记载：“滦平县周为东湖地，秦初为东胡地，后并入匈奴，汉为匈奴左地，武帝时为塞地，后入乌桓。”在历史上是中原文化与北方草原文化的交错地带，先后有肃慎、山戎、东胡、乌桓、鲜卑、奚、契丹、女真、蒙古、满、汉等民族在此繁衍生息，因此少数民族文化和多民族文化融合的特性明显。

滦平县2002年被河北省政府定为民族县，境内满族文化原真性强，如饮食上喜食黏食、白肉、火锅，禁食狗肉，禁用狗皮制品。满族农村的“海青房”，院内东南竖的“索伦杆”，以及打千礼、磕头礼等体现了满族特有的文化。除了满族，这里还有汉族、蒙古族、回族，多民族混居形成独特的民族民间文化，产生了独具魅力的民俗文化活动。国家级非物质文化遗产“抡花”是滦平县火斗山乡大店子村的传统民俗文化，其展现出的金花四射的壮观景象吸引人们专程赶来观看。“棉花鬼”是滦平县的传统民俗舞蹈，被评为河北省非物质文化遗产，因其装扮特殊、表演诙谐幽默的独特性曾亮相北京奥体公园的鸟巢。总的来说，当地传统而独特的民间文化深受人们的喜爱，也越来越得到传承发扬。

(三) 以金山岭长城为中心，打造“最美长城”品牌的具体策略

根据《长城国家文化公园（承德段）建设规划》，承德将开展金山岭长城自然博物馆、喜峰口长城大刀进行曲博物馆、长城风景道、阿那亚·金山岭、华熙ENJOY健康文旅产业园区、长城十里春风小镇等重点项目建设。各项目的建设考虑整体规划，以大视野大格局进行金山岭长城国家文化公园建设。除了对金山岭长城景区进行建设外，还应将滦平县境内的47.5公里的长城，以及此范围内的乡村纳入长城国家文化公园的建设，以实现系统性的提升。“只有将滦平县境内的长城区域全部纳入金山岭长城国家文化公园建设，才能实现带动滦平县整体发展的目标。”

1. 打造“最美长城”风景品牌

（1）最美漫道游

漫道也称慢道，是与高速等快行路相对的概念，以景观路、游步道为主，注重体验式、沉浸式游览。就金山岭长城而言，其主要关口，西起龙峪口，经六眼楼—桃春口—西五眼楼—砖垛口—将军楼—沙岭口—黑姑娘楼—小金山楼—大金山楼—后川口—拐角楼—东五眼楼—三眼楼，最后东至望京楼。整体路线较长，分为西线和东线，龙峪口到西五眼楼为西线，其他为东线。路线多设有长城出口，游客可根据自身情况徒步。金山岭长城推出了多条徒步建议线路，如环线3公里的线路，检票口—砖垛口—沙岭口—检票口，可以同视角看到人民大会堂河北厅《金山岭晨光》中的长城；也有环线4公里的线路，检票口—砖垛口—沙岭口—小金山楼—索道站—检票口，在小金山楼感受扑朔迷离的迷魂阵；还有5公里的线路，检票口—砖垛口—沙岭口—后川口—检票口，可以观赏长城日出日落；还有适合运动爱好者的10公里环线，在畅快运动的同时可以感受壮观的长城景象。在漫道建设过程中应充分考虑游客的需求，做好基础设施建设和产品供应，使游客可以获得慢行游览最佳体验。同时，漫道建设应与快行道建设有机结合，境内优化金山岭长城与其他著名景点间的交通线路，对外纳入京承张环线、京承唐津环线、京承辽线等线路中。

（2）最美风情游

综合考量金山岭长城旅游区的长城特色、地貌特征、历史脉络、产业定位等，可以从以下三个方面开展风情游：一是长城—山水村镇风情游，以长城周边村落和巴克什营旅游镇为核心进行开发。二是突出承德自身特色，以御道行宫为依托，形成长城—行宫文化风情游。三是加强森林草原生态休闲旅游开始，与雾灵山、塞罕坝国家森林公园一起形成长城—自然康养风情游。

（3）最美组合游

除了观光旅游，金山岭长城产业带应注重打好“组合拳”，将不同类别旅游与长城相结合，形成一加一大于二的效应。比如，与围猎、赛事、军事体验等活动组合，与乡村采摘结合，与亲子游等结合，拓展金山岭长城旅游内涵。具体来说，应找到组合的契合点，如与军事体验游组合方面，除真人CS（反恐精英)、打靶训练、火线穿越等军事体验活动外，还可汲取长城戍边文化内涵，从建筑风格、餐饮特色、“剧本杀”娱乐等多业态角度进行探索；金山岭长城国际摄影大赛已连续举办两届，其作为中国十大典藏摄影旅游胜地，被誉为摄影爱好者的“天堂”。可以继续推行“旅游＋摄影”的组合游，通过摄影平台对金山岭长城的美丽风景进行宣传。

(4) 最美智慧游

将互联网、大数据等运用到旅游管理服务中，全面整合景点、吃、住、行等旅游信息资源，建设多媒体、多形式、多服务、多终端支持的智慧旅游信息化体系，这对于提升服务水平和质量有着重要助推作用。在完善一部手机游承德功能的基础上，提升承德长城旅游智慧化水平，从信息查询、路线规划到住宿、餐饮、购票等均实现旅游前端的网络化、便捷化操作。游览中实现实时导览、共享人流分布，提供数字化场景体验等，使游客获得良好体验。比如，利用数字技术真实准确再现历史场景，使游客在活起来的文物环境氛围中获得深度体验。

2. 打造“最美长城”文化品牌

打造文化品牌是将深刻丰富的文化内涵赋予品牌，外显于管理、产品、服务等层面，使消费者在精神层面产生信任和认同。打造“最美长城”文化品牌就是要将“长城”和“最美”作为文化关键词，作用于品牌建设。

(1) 依托文化资源，凸显地域特色

承德应依托特殊的地缘优势，深挖金山岭长城周边文化底蕴，如宋辽古栈道文化、皇家御路文化、长城抗战文化、古生物化石文化和普通话文化等，将其融入长城文化品牌的塑造中，形成承德段独具特色的长城品牌。另外，除了继续推进非遗进景区、演艺进景区等项目外，考虑到对长城本体的保护，还应加大与金山岭长城片区周边村镇的联动，拓展长城承接大型活动的场地。还应推进红色印迹＋长城、冰雪＋长城等项目开发，推进长城人家康养项目建设，将长城文化与品特色美食、感受民风民俗、赏山水美景相结合，使游客充分感受长城多元文化魅力。

（2）依托人才资源，创新文旅产品

创意人才是文化产业创新发展的关键。承德市长城文旅产业带开发需要完善创意人才引进、培养机制，坚持“引进一个，带出一批后备人才”的人才使用思路，保障创意人才培养连续性。同时，应着力培养善于挖掘承德特色资源、整理归纳承德特色文化的创意人才，从而保障长城创意产品的开发。

深入挖掘金山岭长城的文化内涵，不断创新金山岭长城相关的文化旅游产品开发。挖掘旅游资源文化内涵是旅游业差异化竞争的手段之一，旅游与文化产业融合发展迫切需要深入挖掘旅游文化内涵，赋予旅游景观一定的文化底蕴和主题格调。金山岭长城有其独特性，需要结合各个景点有针对性地挖掘其文化内涵，使景点无形中完成升级改造，形成新的文化旅游产品。此外，需开发金山岭长城文化标志性旅游纪念品。旅游纪念品是一种文化，是旅游与文化产业融合发展的标志之一，开发金山岭长城旅游纪念品可以提高旅游附加值。具有本地文化特色的旅游纪念品能够有效地促进旅游消费，加强旅游宣传效果。承德市应抓住旅游消费者的经历纪念的消费心理，组织企事业单位、高等院校师生进行旅游纪念品创作，选择一批反映承德金山岭长城历史文化特色的旅游纪念品，并规范旅游纪念品销售模式。

（3）依托市场资源，开展文旅活动

承德应突出项目引领，以文化和旅游融合发展为导向，以创建“全国文化产业和旅游产业融合发展示范区”为目标，做好承接北京非首都功能区转移工作；按照“错位发展，优势互补”的原则，重点加强动漫游戏、影视制作、创意设计、数字传媒等领域的对接和合作。推进产业间相互融合，培育一批长城与农林、体育、商业、康养等融合发展的文化和旅游项目，推出一批文旅消费示范和夜间消费示范项目。大力开发金山岭长城文创产品，以大赛机制促进旅游供给侧结构调整，推进文创产品进景区、进商店、进游客中心，畅通已有文创产品销售渠道，拉动游客购物消费。

承德应深度开发境内外旅游市场，持续开展贯穿四季的长城旅游文化节庆活动。加大与“一带一路”国家和周边国家的境外旅游市场交流合作；深度挖掘长三角、珠三角和东北市场潜力，开展高铁旅游、航空旅游宣传推广活动；

挖掘京津冀旅游市场，开展“这么近，那么美，周末游河北”“牵手京津冀，欢乐进万家”等活动；与辽西—蒙东—冀北“5＋4”城市旅游联盟合作推出跨区域长城旅游线路。积极参加各类国内外文化旅游展会、博览会，宣传推介精品旅游线路和旅游产品。

3. 打造“最美长城”生态经济品牌

良好的生态环境是承德市发展的优势所在。作为京津冀水源涵养功能区、京津冀生态环境支撑区、国家可持续发展议程创新示范区、国际旅游城市以及塞罕坝精神的发源地，承德积极探索人与自然和谐共生的绿色生态发展模式，使长城经过的地方成为青山绿水的家园。兴隆县彻底改变产业结构，绿色产业对财政贡献率达到 89.2％。滦平县累计实施退耕还林 16.73 万亩，建设京冀水源保护林 17 万亩，成功入选“第五批国家生态文明建设示范区”名单。宽城满族自治县推进林长工作制，围绕都山、千鹤山保护区和潘家口水库及周边森林生态保护工作，统筹开展植树造林，全县森林覆盖率达 65.89％。

绿水青山为产业发展赋能。好山、好水、好空气是承德发展绿色、有机、无公害农业的天然优势。为助农增收，2019 年承德启动“承德山水”农产品区域公用品牌建设战略。截至 2022 年 11 月，有 212 家企业入驻该平台，平台辐射全市 364 个绿色、有机认证产品，23 种国家地理标志保护产品，86.6 万亩全国绿色食品原料标准化生产基地。运营 3 年来，“承德山水”已带动入驻企业品牌产品实现京津市场销售 4 亿余元，带动支农产品京津市场实现销售 135 亿元。①

绿色生态的蓬勃发展，促进了人们环保意识的养成，让生态文明理念更加深入人心，对长城文旅产业带的健康发展有着深远影响，承德应继续发展长城生态建设，为产业持续赋能。

总的来说，根据《长城国家文化公园（承德段）建设保护规划》，承德以现存明长城为重点，以长城为纽带，整合周边世界遗产、自然生态、非遗文化、长城人家等优质文旅资源，规划形成金山岭山乡文旅融合区、宽城长城民

---

① 尉迟国利：《立足生态优势打造农产品区域公用品牌“承德山水”农业品牌助农增收》，河北日报 2022 年 11 月 7 日第 6 版。

俗文旅融合区和兴隆生态文化旅游区 3 个文旅融合区，并通过“国家一号风景大道”串起来。这是“点-轴”理论的具体实践运用。在规划中可以看出，在长城旅游线路中，将根据不同的定位形成差异性的体验，以提高长城线路的品质。

在“十四五”期间，承德将加快金山岭长城自然博物馆等 14 个长城国家文化公园重点项目建设。在这个过程中应注重增长极的带动作用，发挥长城重点段——金山岭长城的中心辐射作用，以“最美长城”为标识，推动“一带三区”建设。只有拿出拳头产品才能打响产品品牌，金山岭长城条件得天独厚。在发展中，应将金山岭长城文化融入承德整体文化，发挥长城文化动能，使周边文化、绿色生态与最美长城产生融合反应，发挥最大整合效应，打响长城国家文化公园承德段品牌。

第七章　唐山北部长城文化和旅游产业带构建策略研究

唐山有丰富的长城旅游资源，境内长城 228.4 公里，有名关险隘 29 处，从地理位置上看，唐山段长城主要分布在北部与秦皇岛、承德交界的迁安、迁西、遵化地区，东起迁安市徐流口村，西至遵化市东陵乡楦门子口。境内长城大部分为明代所建，但也有战国时期的燕长城，还有一部分北齐长城，保存基本完整。

一、唐山北部长城概况

（一）唐山北部长城的区位分布

唐山境内北部长城关口从东往西依次为：徐流口—河流口—冷口—石门子口—白道子口—白羊峪口—新开岭口—红峪口—擦崖子口—城子岭口—青山口—董家口—铁门关口—李家峪口—喜峰口—潘家口—龙井关口—洪山口—河口（原名豁口）—马蹄峪口—秋科峪口—罗文峪口—冷嘴头口—大安口—上关—马兰关—马兰峪口—楦门子口等。

主要景区有：遵化鹫峰山风景旅游区、大石峪长城景区、迁西潘家口水利风景区、迁安白羊峪大理石长城旅游区、青山关景区、喜峰口长城自然峡谷风景区、红峪山庄长城溶洞风景区等。

（二）唐山北部长城特色

1. 迁安段长城与举世罕见的大理石长城

迁安市所辖长城约 45 公里，其中砖砌城墙（包括单面包砖及双面包砖两类）约占三分之一，石砌城墙（包括砖砌垛口墙）约占三分之二，该段长城遭受自然和人为严重破坏的占75%～80%。作为东边起点的徐流口接东南方向由秦皇岛卢龙刘家口过来的长城，长城沿山脊走向至河流口、冷口、白羊峪口，往西过大嘴子山到红峪口村村北长城。

与砖瓦长城不同，白羊峪长城基座由大理石建造而成，这是白羊峪长城的一大特色，在整个长城的建筑中是极为罕见的。长城脚下的白羊峪村经过多年的发展，也成了具有代表性的特色旅游名村。

2. 迁西水下的长城绝景与万里长城第一门

宽城满族自治县和迁西县交界处的潘家口水库里有着称为千古奇观的“水下长城”。潘家口、喜峰口城堡原是明代长城的两个重要关隘，1957年潘家口水库修建时，水位超过了长城的高度，将长城隐身在水下。后又因常年的干旱水位下降，从而将这长城显露出来。总的来看，此段长城从高山盘旋而下，在穿越潘家口、喜峰口两处库区时伸入水底，又从对岸出现，向山上延伸，沿山脊蜿蜒直上，形成蛟龙出水的绝妙景观。

青山关水门始建于明万历十二年（1584年），被称为万里长城第一门，也是长城现存最完好的提吊式水门。水门建造精美，上拱下方，以山崖为基，由5层条石和55行方砖砌垒而成。根据历史记载，水门上原有重千斤的铜闸，可落闸蓄水，可提闸泄洪，也可放水御敌。

3. 遵化段长城与“一步千年”

遵化段长城东起洪山口，西至东陵乡，绵延80余公里，途经7个乡镇；共设关寨31座，营6座，敌台246座，烽火台54座。境内有跨越千年的长城、断开的长城和最窄的长城。

鹫峰山古长城位于遵化市北部的侯家寨乡境内，是原汁原味的北齐长城，有1400多年历史，是唐山重要的人文景观之一。北齐长城与明代长城最大的不同就是矮、窄，其中有一段长1200米，最窄处仅为70厘米，以“最窄最矮”号称长城之最。

在侯家寨乡境内，还有一段古长城蜿蜒盘旋于北部崇山峻岭之上。它全长18 556米，敌楼55座（其中保存完好的12座），烽火台32座，关城8座。据史料记载，明代戚继光任蓟镇总兵时，在此处的北齐长城基础上对长城加宽加固，砌上砖墙，并骑墙建楼，增设了敌台。但是，部分山势险峻地段的北齐石砌长城保留了原貌。前、后杖子村有北齐长城和明代两次修建的长城，它们连接在一起，一面是北齐长城，一面是明代在北齐长城基础之上修建的砖长城。这段长城是北齐长城和明代长城的交会，因此被称为“一步千年”。

二、唐山市长城文旅发展政策规划

根据《唐山市文化广电和旅游发展“十四五”规划》，2021 年至 2025 年，唐山以 G230 为核心纽带，连接 S355、S356，串联遵化、迁西、迁安，构筑以长城、清东陵双世界文化遗产为主要开发对象的文化旅游廊道。唐山市为建设长城国家文化公园（唐山段），依据辖区内长城沿线资源特色，按照“一轴四段五园十带十区多点”的总体布局，最终形成 1 个管控保护区、5 个主题展示区（含 5 个核心展示园、10 个集中展示带、26 个特色展示点）、10 个文旅融合发展示范区和 35 个传统利用区组成的长城国家文化公园（唐山段）总体架构，致力将长城国家文化公园（唐山段）建设成为长城国家文化公园的亮点段、示范段。

唐山市为了推进文旅产业融合发展，相继出台《唐山市全域旅游发展总体规划》《唐山北部长城区域旅游总体规划》等旅游规划，并制定了《唐山市加快创建省级全域旅游示范市实施意见》等政策，为长城文化和旅游产业带的开发提供了指导。

“唐山周末”是由唐山旅游局发布的旅游线路品牌。目前，以畅游海岛湿地、观览皇陵长城胜迹、体验工业文化文明、品赏地方美食与感受田园风光等为主要内容的“唐山周末”精品线路声名远播。青山关、白羊峪、潘家口水下长城都包含在“唐山周末”旅游路线中。比如，北路线路：迁西景忠山—潘家口水下长城—喜峰口雄关大刀园—迁安白羊峪。

借助举办第七届河北省旅发大会的契机，唐山市围绕“创新发展·美丽唐山”主题，促进形成“一核一岛一廊两翼”的全域旅游发展新格局，其中的“一翼”即为皇家山水长城文化旅游区。

截至 2020 年底，唐山市共有省级文化产业示范园区 4 家，省级文化产业示范基地 7 家；全市共有国家 A 级以上旅游景区 53 家，旅行社总社 172 家，星级酒店 35 家，乡村旅游示范点 95 家，星级农家乡村酒店 134 家。“十三五”期间，全市共接待游客 28 851 万人次，实现旅游收入 3116 亿元。2021 年，唐山先后入选国家级城市体检样本城市和全国第一批城市更新试点城市名单，成为河北省唯一一个“双试点”城市。唐山“南湖时代”、海滨海岛旅游、工业旅游、长城旅游、文化旅游、红色旅游等文旅产品日益丰富，北、中、南三大文旅板块发展势头强劲，15 条“唐山周末”精品线路声名远播。

三、唐山北部长城文化和旅游产业带的增长极

按照《唐山市北部长城区域旅游总体规划》，唐山市北部长城区域将建设成为融旅游观光、休闲度假、运动健身、自驾体验于一体的、多元化的旅游产业聚集区、国家级旅游度假区和国际知名的旅游目的地，形成“一大主体、三大板块、四大综合体、五大产品系列”旅游总体布局。

唐山扎实推进长城国家文化公园建设，精心编制《长城国家文化公园（唐山段）建设保护规划》，构建“一轴四段五园十带十区多点”总体布局，推进迁安、迁西、遵化长城风景道再提升。

截至 2022 年 8 月，长城国家文化公园（唐山段）33 个重点项目总投资 39.67 亿元，完成投资 20.24 亿元，26 个项目开工（其中 7 个已完工）。

（一）迁安以“长城天路”为轴线的增长极开发

2021 年 1 月 14 日，迁安市长城国家文化公园管理中心正式成立，同时加挂迁安市国家地质公园管理中心、迁安市文化旅游发展中心牌子。迁安市长城国家文化公园管理中心是市政府直属正科级事业单位，为全国首家县级长城国家文化公园管理机构。根据长城国家文化公园（唐山段）建设规划，迁安长城国家文化公园建设以长城文化为灵魂，以特色休闲长城旅游为主题品牌，以保护中开发为原则，在迁安北部长城全线 45 公里线路上建设各具特色景区，涉及五重安乡、大崔庄镇、建昌营镇、杨各庄镇 4 个乡镇，总面积 120 平方公里，核心景区 60 平方公里。

迁安的“长城天路”又名迁安北部长城山野绿道，是为绵延该市的长城而

配套修建的，是迁安市“一横三纵”4 条旅游绿道之“一横”。“长城天路”东起冷口，西至红峪口，途经长城国家文化公园迁安段的 4 个乡镇，穿越 26 个村庄，连接起万宝沟军事乐园、红峪山庄长城溶洞旅游区、白羊峪长城旅游区、大龙庙国际生态旅游度假山庄、九龙泉等景点。迁安地区可选择红峪山庄长城溶洞风景区和白羊峪大理石长城景区这两个重要的长城文化旅游资源作为增长极进行开发。①

1. 白羊峪大理石长城

中国长城考察队专家确认的万里长城仅有的两段大理石长城均在“长城天路”。其中，绿道中的白羊峪大理石长城始建于明代初期，长约 1500 米，高 10 米，宽 5 米，城底及敌楼多为大理石，在万里长城中十分罕见。大理石长城是白羊峪长城的一部分，同时也是长城国家文化公园（河北段）规划的集中展示带之一。

2. 红峪山庄长城溶洞风景区

红峪山庄长城溶洞风景区位于迁安市红峪口村以北，是迁安颇具规模的旅游景区。景区内有黄金溶洞、云崖湖、云崖寺、神龟探海、水关长城、通天瀑布、双面佛、仰天大佛、大理石长城、戚剑峰、将军帽、云崖村等景点 20 余处，大理石长城横贯景区。黄金溶洞长 1 万多米，总面积 5 万多平方米。关于溶洞还流传着不少传说。

3. 徐流口村

徐流口为明长城关隘。徐流口村隶属迁安市杨各庄镇，是全国文明村镇、河北省创建文明生态村先进单位，也是唐山市文明村、文明生态示范村。村里有顺口溜“徐流口村有三绝，开车能上长城口，温泉罗非赛蟹肉，徐流口豆片吃不够”，道出了本村的特色。村子建在长城脚下，九龙温泉从村东南喷涌而出。九龙温泉，雅称“灵泉喷玉”，是迁安古八景之一。村民充分发掘利用温泉水养殖热带罗非鱼，开发出唐山地区唯一一个热带鱼养殖项目。村子的豆制品制作有着悠久的历史，当地也据此精心打造“豆香小镇”，树立“徐流口豆

① 程瑞芳、徐灿灿：《唐山长城文化旅游带建构及发展路径研究》，《河北经贸大学学报（综合版）》2020 年第 4 期。

片”的品牌形象。

此外，徐流口村还有九龙区风景区，占地面积800公顷。2009年7月，九龙区风景区被评为国家2A级景区。九龙区风景区现已成为集长城观光、渔业文化体验、温泉度假与新农村建设示范于一体的休闲度假基地。

4. 天路串联起乡村振兴线路

“长城天路”的后半段大都沿村而过，将长城游与乡村游相结合，能够带动乡村的振兴发展。“长城天路”沿途有大大小小20多家采摘园，这里的桃树、梨树、苹果树、核桃树、板栗树等不仅让长城周边景色更加优美，也让游客能够体验采摘的乐趣。每隔一段路程，依山就势、依景成型的百余家农家饭庄更是能满足游客对当地美食的品味追求。

从2016年开始，连续三届“中国迁安国际长城万人徒步大会”在“长城天路”举办，“长城天路”也因此被称为最美徒步赛道。此外，这里还举办过国际山地车越野马拉松、自行车越野赛、观花节、采摘节等百余次活动。这些活动的举办均带动了周边村庄的发展。“长城天路”以绿道为“藤”，以景区景点、驿站、农业园区、采摘园和精品民宿等为“瓜”，在促进当地农业与旅游业融合发展的同时，也为游客提供全方位、一站式旅游服务，使“点-轴”理论得到有效的现实运用。

（二）迁西以“栗乡”喜峰口、青山关等节点发展多增长极

2012年，国家文物局认定迁西县内共有长城墙体172段，106 439米（平面投影长度），占唐山市明长城墙体的48.34%；单体建筑341座，其中敌台240座、马面41座、烽火台57座、谎城3座；关堡14座。“路出万山通鸟道，城悬千嶂压龙沙。空中云影连楼阁，夜半风声度鼓笳。”这是明代诗人陶允宜对迁西长城关隘的赞叹。迁西县曾编制《中国长城国际步道总体规划》，以中国长城国际步道项目为依托，通过“自驾绿道”“长城步道”“生态廊道”3条主线，打造集长城度假、山水观光、文化游览于一体的长城文化产业聚集区。

迁西段长城国家文化公园建设在唐山长城文旅整体建设中具有重要地位。2021年，迁西龙井关长城漂流通过国家4A级景区质量评审，喜峰口遗址公园被列入长城国家文化公园重点项目名单。2021年5月，迁西长城景观大道工

程开始施工，这是迁西县全域旅游基础设施建设项目之一。该项目起点位于三抚路滦河大桥，终点位于谎城长城国家文化公园，道路施工全长 68.6 公里。

迁西段长城从西向东，依次有龙井关、榨子庵关、潘家口、喜峰口、铁门关、游乡口、董家口、青山关、榆木岭口、大岭寨口、城子岭口、擦崖子关等 20 余处关隘。目前，主要有喜峰口长城抗战遗址、李家峪村、青山关长城景区、榆木岭长城等景点。

1. 喜峰口长城抗战遗址：水下绝景、长城文化与红色文化的融合

要实现长城文旅的长远发展，需找准定位，打造出核心品牌。喜峰口是长城的重要关口，历来为兵家常争之地。南宋爱国诗人陆游曾有“三更抚枕急大叫，梦中夺得松亭关”的诗句。松亭关即喜峰口。在近代，抗日战争期间，此处发生过惨烈的喜峰口战役。以二十九军及其大刀队在此血战日寇的事迹为原型创作的《大刀进行曲》广为传播，塑造了挥舞大刀向日寇勇猛冲杀的中国军人的英雄形象。长城文化和红色文化在喜峰口得到有机统一。同时，喜峰口又有着独特的水下长城绝景，喜峰口低洼处的长城隐没于潘家口水库。三位一体的喜峰口长城，如能与红色精神进行有机融合，通过讲好长城故事，喜峰口将成为彰显迁西长城特色和抗战文化底蕴的长城文旅开发核心品牌。

2. 青山关——万里长城中最精致的长城古堡

青山关曾名卢龙塞，唐代诗人戎昱《塞下曲》中的诗句“铁衣霜雪重，战马岁年深。自有卢龙塞，烟尘飞至今”展现了当时艰苦的征战岁月和青山关的要塞地位。青山关景区位于迁西县上营乡青山口村，是国家 4A 级景区、河北省乡村旅游示范点。这里的长城保存完好，不仅有七十二券楼、月亮城、监狱楼、水门等遗存，有八角八面朝天一柱的八面峰，还保存有距今 400 多年历史的青山关长城古堡。古堡南门额上刻有“青山关”3 个大字，并题有“明万历十二年十月吉旦创建立”几个字。关城设南、北两门，南为正门。从长城上俯视此城，南北略扁，东西突起，好像一个元宝，人称“元宝城”。青山关长城古堡较为完整地保存了官衙、兵营、庙宇、茶馆、酒肆等古建设施，被专家称为“万里长城中最精致的长城古堡”。可依据这里独具特色的长城文化打造迁西长城开发的重要一极。

榆木岭长城在青山关长城西南方向约13公里的榆木岭村，目前开发程度一般。榆木岭长城最大的特色是原汁原味，没有人工修复的痕迹。榆木岭长城距离青山关很近，可与青山关长城联动开发，纳入青山关长城的大景区中。

（三）遵化以独特景观为基础的“点-轴”化发展

千年古县遵化，地理位置优越，位于河北省东北部燕山南麓，北倚长城，西顾北京，南临津唐，东通辽沈，属京津唐承秦腹地，素有“畿东第一城”之称。

1. 轴线：长城旅游公路

长119公里的长城旅游公路，始建于2002年，就像一条轴线贯穿遵化北部山区，公路西起东陵路冀津界，终于遵化迁西界。途经侯家寨乡等7个乡镇，连接20余个新兴乡村旅游点、16个旅游区景点，由西向东串联起燕山塔陵、清东陵、古汤泉、上关湖、古大洋遗址、千年古银杏园、鹫峰山、狩猎场等诸多旅游区。长城旅游公路对外连通北京、天津、承德、秦皇岛等大中城市运输通道，有力拉动了沿线农村经济，促进全域旅游的发展。

2. 鹫峰山自然风景区

鹫峰山自然风景区位于侯家寨乡，为国家4A级自然风景区，以“山名、寺古、树奇、石怪、崖绝、城窄”闻名遐迩。长城中“最窄长城”就在此处。鹫峰山自然风景区与长城狩猎场、汤泉皇家旅游度假区、皇家陵寝——清东陵、桃花沟共同构成百里长城黄金旅游线，这条线路也逐渐发展为家庭周末游精品路线。

3. “万里无双”大石峪

大石峪长城始建于北齐，明洪武年间进行了重修，有两座敌楼（高楼、洼子楼），是目前遵化境内保存最完好、特色最鲜明、地势最险峻的建筑，曾被我国著名长城专家誉为“万里无双”。长城周边风景壮美，大石峪峡谷全长2公里，大石峪湖在雨季会形成30米宽、20米高的瀑布，大石峪主峰海拔568米。

4. 红色长城罗文峪

罗文峪长城，又称罗文峪口、罗文峪关，是万里长城上蓟镇段长城的一处重要关隘和通联关内、关外的重要关口。关口狭窄，宽度只有 4 米左右，易守难攻。1933 年 3 月，二十九军在此奋勇抵抗日寇。2018 年 10 月 24 日，为了弘扬罗文峪长城抗战精神，罗文峪长城抗战陈列馆建成开馆。以此为核心建设的长城抗战文化公园，能够充分体现长城文化与红色文化的融合。

四、唐山北部长城文化和旅游产业带开发存在的不足

1. 景点知名度相对较低

唐山北部长城景点在相关配套设施建设和宣传力度上有待进一步加强。进行景点的开发，发挥市场在其中的主动性还需要进一步的探索。唐山应以长城文化项目为载体，加大招商引资力度，搭建融资宣传平台，提升长城文化旅游开发的档次和运营水平，提升景点知名度。另外，要突出唐山的特色，挖掘深刻的长城文化内涵，建设旅游精品。

2. 长城开发差异性有待增强

长城景观同质性强，唐山北部长城对于地方特色的文化和历史挖掘不够，带给游客的特色体验不足。唐山北部长城各景区、景点开发层次一般较低，没有进行资源深度挖掘，回头客较少。唐山应注重从资源的浅层观光开发转向资源融合的深度利用，在保护长城的同时，促进长城文化旅游的可持续发展。

3. 创新机制有待加强

在发展中应注意规范发展，多元投入，破除行政界限，避免低端不良竞争。唐山北部长城文旅产业带开发创新机制有待加强，应创造戚继光戍边、长城抗战等特色文化节目、影视作品，增强长城文化旅游产品的吸附力；应加强交互式体验项目开发，吸引更多的游客。

五、唐山北部长城文化与民俗文化资源的联动发展

唐山拥有众多民俗文化旅游资源，长城文化与民俗文化的融合能够孕育更为丰富的文旅产品，促进长城文旅产业带发展。下面列举一些在唐山很典型的、极具地方特色的民俗文化旅游资源。

1. 主要民间曲艺文化资源

乐亭大鼓。乐亭大鼓是国家非物质文化遗产，是我国北方民间鼓曲艺术的一大曲种，有 200 多年的历史。乐亭大鼓的唱腔音乐结构为板腔体，还吸收了评剧和皮影的唱腔，以说唱并重著称，在冀东文化中占有重要地位，被誉为“冀东文艺三枝花”之一。乐亭大鼓唱词繁多、旋律优美、韵味独特、表现力强、地域性强，具有很高的艺术研究价值，是唐山优秀的地域文化和传统文化，对研究唐山民间文学、民俗文化有着一定的价值。乐亭大鼓代表曲目有《双锁山》《拷红》《寒江送枕》《闹天宫》《金山寺》等。

唐山皮影。“扯一块白布便是舞台，尺把长的小人在幕后表演。”这句话说的是皮影戏。唐山皮影是唐山市传统戏剧，初创于明代末期，盛行于清末民国初年，2006 年被列入第一批国家级非物质文化遗产名录。唐山皮影表演的发声方法很奇特，演唱时演员用手指掐着喉头发音，经过挤压后的声音形成唐山皮影戏的特殊风格。唐山皮影演出通常有拿、贴、打、拉、唱 5 种分工，常演的剧目有《五锋会》《二度梅》《青云剑》等。

唐山评剧。评剧编演多为传统剧目，或为民间传说，或为神话故事，再加上评剧通俗易懂的语言、淳朴的音乐以及浓郁的冀东乡土艺术风格极受冀东人民的喜爱，因此评剧成为京津冀地区和东三省占有相当地位的剧种之一。

另外，唐山玉田的泥塑，丰南的篓子秧歌、铁画，迁安的背杆、剪纸、唐海吹歌、冀东大秧歌等，都是人民群众喜闻乐见的民间艺术。

民间曲艺文化融入长城文化，能够丰富旅游产品，拓展旅游线路，增加游客体验感。

2. 代表性的饮食文化资源

唐山麻糖。唐山麻糖起源于明代万历年间，已有 400 多年的历史。麻糖呈薄片状，口感绵软，微脆，老少皆宜。唐山麻糖生产企业不断改进工艺，产品行销全国各地。

迁安板栗。迁安市是闻名中外的“京东板栗”故乡。由于气温、土壤等条件适宜，迁安板栗形成了自己独特的风味。迁安板栗个大、皮薄、色泽鲜艳、甘甜醇美、内皮好剥，有较高的营养价值。

棋子烧饼。唐山地区的棋子烧饼因如同象棋棋子般形状和大小，被取名为棋子烧饼。棋子烧饼经过烤制，色泽金黄，层多酥脆，内有馅料，或肉馅或豆沙等馅，外粘一层芝麻，是唐山独有的风味美食。

将饮食文化融入长城文化，能够开发出吸引游客的特色产品。

3. 矿业文化资源

唐山矿产资源丰富，矿业发达，形成了独特的矿业文化。开滦国家矿山公园主景区——中国近代工业博览园，打造开滦博物馆、“中国第一佳矿”分展馆、“电力纪元”分展馆、井下探秘游、中国音乐城、三大工业遗迹等主题景区展现唐山矿业文化，丰富了大众对矿业的了解。尤其是开滦博物馆，充分运用多种高科技展陈手段，以翔实的史料、丰富的展品讲述了唐山矿业的悠久历史。唐山三大矿业遗迹（中国第一佳矿——唐山矿一号井、中国第一条准轨铁路——唐胥铁路肇始之处、中国最早的铁路公路立交桥涵）见证了中国近代工业发展的艰辛历史。

唐山矿业文化的开发，可以采用多业态融合发展模式，如与音乐、展演等活动，以及餐饮服务等业态进行融合；可以改造原唐山矿大型储煤场，建设“老唐山风情小镇”，复原老唐山广东会馆、广东街、开滦酒店等，重现老唐山民俗风情，打造城市历史文化根脉新地标；可以建设中国现代矿山循环经济示范园。唐山应以打造矿业文化旅游产业集群为发展模式，将长城文化与唐山矿业文化进行融合，提升矿业文化旅游链条的内涵，开发特色旅游线路，打造独具地方特色的长城旅游品牌。

六、唐山北部长城文化和旅游产业带构建具体路径分析

根据《唐山北部长城区域旅游总体规划》，唐山北部长城文化和旅游产业带的主题定位为“行走长城、绿色休闲”，核心产品为唐山·中国长城绿道。规划指出，唐山要以实体长城遗存为依托，以绿色休闲度假为产品导向，运用时尚理念对唐山北部长城区域资源，特别是长城主体进行创意性开发，以此来实现长城资源的有效保护和充分利用，最终形成以长城绿道为核心产品、以区域文化为底蕴、以众多优质景点和景区为支撑的唐山北部长城旅游大景区，打

造国家级旅游度假区。唐山要将长城绿道建设成景区交通便捷之道、游客观光消费之道、旅游绿色生态之道、民俗风情展示之道、农民致富增收之道、自驾体验畅游之道，使唐山长城绿道成为旅游内容最丰富、市场性能最好、中国体量最大的长城主题绿道。

（一）长城绿道设计理念

唐山北部长城绿道以遵化为入口，以迁安为出口，迁西段利用原有长城旅游路线和三抚路环状交通路线进行绿道设计，串联起沿途景区、景点。具体线路如下：

遵化段：起点黄花山，线路为黄花山—石门—东陵乡—上关—汤泉乡—西下营西沟—西下营东沟—兴旺寨乡—罗文峪—侯家寨乡—洪山口—迁西段二道城子。

迁西段：线路为二道城子—龙井关—栗树湾子（滦棵岭—小脑峪—岔沟—栗树湾子）—汉儿庄乡—赵庄—滦阳洒河桥镇—胡家店—宋庄子—东贾庄子—董家口—青山口—榆木岭—兰城沟—大岭寨—太平寨镇—擦崖子口—罗家屯镇—迁安段红峪口。

迁安段：迁安市计划修建两个大型驿站，同时利用白羊峪景区作为此段绿道的自驾游集散地。在新三抚路小崔庄、台头岭、建昌营镇设计辅路通往红峪口、白羊峪、冷口温泉及徐流口。

绿道整体布局为“一干四支”：一干——自驾车绿道（西起黄花山，东到河流口）；四支——自行车绿道、徒步绿道、滨水绿道、空中绿道。

（二）张家口长城景观文化产品设计

1. 长城军事景观体验产品

以长城军事景观博物馆和长城军事讲堂的形式，运用场景复原、幻影成像、声光电渲染氛围等手段，展现长城军事工程体系中典型的建筑（包括边墙、堑、墩、台、关隘、城堡、驿站），以及戍边职官体系、戍边官兵生活、军事管理制度等长城军事文化。同时，拓展屯堡古寨的体验活动，还原当时生活场景，并设计农耕、骑马、射击等体验性活动，使游客能够沉浸式感受长城文化，增强游客的深层体验感。

2. 长城建筑奇观产品

探索开发水下长城，成立潜水俱乐部或引进水下全潜式观光潜艇，开展水下长城探秘活动。结合长城砖窑群遗址，在迁西县大岭寨村开展长城砖制作活动，使游客能够对长城有进一步的直观感受。在发现大量长城基石遗存的迁西县崆龙山区域，开发以展示长城基石文化为重点的项目，采用雕塑、基石加工、石场场景复原等方式向游客介绍长城文化。

（三）长城文化与不同文化的融合发展

除了前面提到的红色文化、民俗文化外，还应进一步挖掘和梳理长城相关的其他文化，打造唐山段长城的亮点工程，以长城为线开发特色旅游线路，形成具有辨识性的品牌。这些可与长城融合发展的文化包括皇家文化、戍边文化和黄帝文化等。

1. 皇家文化特色的长城文旅

唐山可以清东陵世界文化遗产蕴含的皇家文化为核心，融合长城沿线的皇家陵寝、皇家汤泉、皇家寺庙，以绿道为轴线，辐射北部沿线其他区域皇家旅游产品，设计具有皇家文化特色的长城绿道体系旅游产品。

2. 戍边文化特色的长城文旅

唐山有着深厚的戍边文化，尤其迁西县三屯营镇有明代名将戚继光总兵府，积淀了独具特色的文化遗产。唐山可以迁西为主要区域，以明代戍边文化为核心，整合北部长城沿线的长城景观、长城关口、长城景区，包括各具特色、文化悠远的上关湖长城、鹫峰山长城、洪山口长城、龙井关长城、三屯营蓟镇总兵府、喜峰口长城、红峪口长城、白羊峪长城、河流口长城等，打造唐山北部长城沿线的戍边文化旅游。

3. 黄帝文化特色的长城文旅

迁安市被称为“中国轩辕黄帝姓氏文化之乡”，可以轩辕（黄帝）姓氏始祖文化园、姓氏文化村为亮点，打造唐山北部长城沿线的黄帝文化旅游。轩辕（黄帝）姓氏始祖文化园内，由百座不同姓氏、不同风格的始祖坛组成的大规模坛林，矗立在长城脚下。轩辕（黄帝）姓氏始祖文化园是每位炎黄子孙寻根认祖的必到之地。姓氏文化村：黄帝最先分封 12 个姓，后来黄帝一族分封的有 50 个大姓都源于迁安。可在长城沿线选择若干村落，介绍其村中大姓的由来、历史、相关人物等，形成该姓氏文化村，如张氏文化村。唐山可融合长城文化、黄帝文化打响唐山北部“始祖文化长城”品牌。

（四）可联动开发的自然生态产品

唐山可将长城绿道与周边自然资源进行充分联合，将果林观光、果品采摘等与山水景观观光相结合，将分属不同县区的景点进一步整合，规划不同的旅游路线供游客进行选择。

（五）打造不同产品形态

除了传统的观光旅游，唐山可依托长城资源开发体验类、运动类、休闲类等不同形态文旅产品，满足游客不同需求。

可进行自驾车、自行车、徒步等不同路线和配套设施建设。如建设白羊峪自行车绿道、大黑汀自行车绿道，在沿线合理布局绿道驿站；通过国际运动赛事的举办，重点宣传推出“长城徒步运动基地”品牌；设计长城徒步线路，如从潘家口到榆木岭徒步线路，并可分别与喜峰口、铁门关、董家口、青山关等单个长城景区形成多条旅游线路，也可将这些长城旅游景区串联成一条大的旅游环线。唐山可按照国家步道标准规划设计旅游步道，逐步将唐山北部长城沿线区域打造成国际知名的长城专项徒步运动基地。

唐山应继续加大休闲旅游开发力度，拓展消费层次。如对青山关旅游区，在现有基础上进一步提升，重点打造长城会所、长城之夜、长城演艺、长城酒店、长城小镇、长城滑雪场等长城休闲旅游产品；栗香湖旅游区围绕滦河、山地、乡村等旅游资源，形成高端商务休闲度假旅游区；以长城文化为背景，以温泉为媒介，打造冷口养生度假区；继续开发乡村旅游，升级改造白羊峪长城旅游区，建设大龙庙旅游度假村，开发徐流口度假村；等等。

此外，还可打造“长城电影节”“长城音乐汇”等相关文化品牌，设计举办一系列营销活动，打响唐山北部长城区域旅游品牌知名度。

第八章　张家口以“长城内外是故乡”为文化纽带，打造“大好河山·长城印象”系列品牌

张家口境内的长城占到河北省境内长城的三分之二，占到我国长城的六分之一，涵盖了燕长城、赵长城、秦长城、汉长城、北魏长城、北齐长城、金长城、明长城等多朝代长城，总长度达 1 804.846 公里，其中 344.664 公里存在历代叠压关系。张家口是我国长城修筑最集中的地区之一，因此又被称作“长城博物馆”。

一、张家口长城概况

张家口长城资源丰富，是现行长城区段最多、时代跨度最大的地区。张家口段长城分布在张家口市区、康保、沽源、尚义、张北、崇礼、怀安、万全、宣化、赤城、怀来、涿鹿、蔚县等 15 个区、县。

（一）张家口长城分布①

战国时期，因诸侯国之间激烈的竞争以及北方游牧民族的侵扰，燕国、赵国分别在张家口境内修筑了长城。《史记·匈奴列传》中记载：“燕筑长城，自造阳至襄平。”史学界认为，沽源即古造阳之地，因此沽源境内的长城为燕北长城的西段。沽源长城全长 15 公里，墙体由黄土夯筑而成。

据考古调查记载，赵国在张家口境内修筑的北长城主要分布在张北、万全、怀安和尚义境内，总长约 83 公里。长城墙体主要采用夯土、土石混筑、石块垒砌的方式筑成，在许多地段沿线还修有鄣城、关城和烽燧。

---

① 参考河北省地方志编纂委员会编《河北省志（第 81 卷·长城志）》，文物出版社，2011。

秦代，秦始皇统一中原后拆毁了各诸侯国所筑的互相防御的长城，保留了边地长城。为了防御北方游牧民族匈奴的侵扰，在各国长城旧址的基础上修筑了秦长城。经调查，秦长城大体呈东西走向，绵延曲折于张家口市的怀安、尚义、万全、张北、崇礼、沽源等地的交界地带。秦长城沿用燕、赵两国的设施并在其基础上不断地修缮、改建或增建，铸就了万里长城的东北段边防线。

汉代长城是继秦长城之后的又一道防御工程。因北方匈奴不断侵扰，汉武帝遂下令修缮长城来抵御匈奴南下。张家口境内的长城为汉长城的西段，利用了原赵北长城、秦长城，自西向东经张家口怀安、尚义、万全、崇礼、沽源、赤城等地，长约 223 公里。

北朝到金代时期，为了防御北方游牧民族的扰掠，各个朝代也采用了修筑长城的方法。首先是北魏时期修建的阴山长城。阴山长城主要分布在张家口市赤城、沽源、崇礼、宣化、万全、张北、尚义、怀安等地及张家口市区，部分地段沿用了战国时期赵北长城、秦汉长城；其次是北魏“畿上塞围”长城，这条长城进入张家口市涿鹿县后，复西转西南经蔚县南部入山西省境内。此外，张家口境内的北齐长城系沿用北魏长城。

为抵御北方契丹人的侵扰，唐代开元年间修筑长城。这条长城大部分位于赤城县境内，宣化与赤城的交界处也有一小部分，基本呈西东走向，全长约 70 公里。墙体有土筑和石筑两种，沿线建有鄣城和烽燧，其中大部分烽燧在明代被修缮利用。

金代的长城防御体系比前代长城更加严密。金长城有主线和多条支线，张家口康保县境内的长城是金长城的南线，主要由壕堑、夯土墙体、望台三部分组成。金长城过张北—康保公路后，经西柏坡村村北入处长地乡三老汉村，向西过处长地南、边墙渠北、大清沟北、康家地南，后进入李家地乡民善村村北，然后过二马坊北、康福柱北、姚家滩北、二彦北村、孙家营北，然后由毛胡庆村村北向西出境，全长约 65 公里。

明代，明成祖迁都北京，张家口成为直接与游牧民族接壤的边塞，成为边防的重中之重，长城的修建也因此受到了极大的重视。明长城在张家口境内全长 720.74 公里，占河北省明长城总长度的 53.8%。据史料记载，当时由宣府镇管辖的长城分为南、北两线，北线的长城东起延庆四海冶，西抵怀安县西洋河马市口，属于外长城，也被称作大边。在大边之内一些地势险要的地方所修的间断的长城，称为二边。南线的长城东起四海冶南的海子口，西至阳原西部，多数地段并没有城墙，而是以连续不断的烽火台构成一条烽火传递路线。为了防止蒙古族南下，北线长城、南线长城、昌镇长城和真保镇长城成为护卫京师的多重防线。密集的烽火台与内、外长城相呼应，共同构成抵御外侵的坚固阵地。

（二）张家口长城的现状

了解张家口地区长城的现状，将为长城的保护、开发和利用提供现实基础。

1. 保护现状

张家口地区的长城距今已有 2000 年多年的历史，长城本体以及相关遗迹饱经岁月的洗礼。据了解，张家口地区长城目前普遍存在经自然和人为破坏，土石混筑墙体坍落成堆、毛石墙体坍塌垮架的情况。就连距离时间最近的明代长城墙体也遭到严重破坏，部分县区内的明长城已经坍塌成石堆状。张家口长城有干插石垒、土夯、土石混夯、砖石结构等多种建筑形式，地表特征不明显，不容易辨识，这也是保护方面的难题所在。当然，也有部分长城墙体和遗址保存相对较好。例如，在赤城县雕鹗镇黎家堡村北部的一段约 800 米的唐长城，墙体保存较好；还有燕、赵时期的相关遗址在明代被修缮，保存基本完好。

面对如此严峻的现状，张家口相关部门坚持长城的一切开发、利用和管理工作都要以保护为前提，早在 2006 年，就对当地的长城进行全面的勘探，对长城墙体、单体建筑、关、隘、堡等与长城相关的遗迹、人文环境等进行了逐一测绘登记。经过精确记录后，还为长城建立了档案。此后，张家口 88 处市、县文物行政管理部门承担各自管辖的长城日常保护管理责任；长城沿线的各县区与乡镇、乡镇与村民委员会之间签订长城保护责任书。与此同时，张家口加大长城保护的宣传力度，培养群众“保护长城，人人有责”的意识。近年来，张家口对宣化镇长城城墙、万全右卫城、大境门段长城进行修缮，同时加大财政投入，强化日常巡查看护，使长城的保护工作取得了显著的进展。

2. 管理现状

随着长城保护区和旅游景点的设立，张家口地区设置了怀来县鸡鸣驿管理处、桥西区大境门管理处和张家口堡子里管理处等专门的长城保护管理机构。2012年，张家口还设立了长城保护管理处，负责全市的长城保护管理工作，这也是当时河北省唯一一个市级专司长城保护的事业单位。长城保护管理处成立后，研究制定了《全市长城定期巡查制度》，将长城的定期巡查纳入了日常工作，对巡查中发现的侵入长城保护范围和控制地带的违法建筑和违法工程进行了及时拆除和制止，保障了长城及其附属建筑的安全与完整。

此外，张家口长城保护管理处指导各县区陆续对长城保护员进行培训，使参训人员熟知长城保护条例及长城保护员职责，增强了长城保护员的防护能力、工作信心以及文化使命感。同时，张家口明确要求管理人员加强巡查频率，做好巡查登记工作，通过数据采集、现场拍照、文字记录了解长城的近况，为突发情况做充分的准备。2018年，张家口市先后查处了张北植树毁坏长城、崇礼修路毁坏长城和怀来村民盖房毁坏长城城堡3起典型案件，对相关企业法人进行了严厉处罚。

3. 开发现状

目前，张家口地区开放的长城景区主要有大境门、张家口堡、野狐岭要塞旅游区、蔚县西古堡、崇礼长城岭风景区、赐儿山、小五台山等。随着政府政策的支持、资金的投入，各个景点的基础设施也在不断地完善中。

以长城国家文化公园建设为契机，张家口对大境门、万全右卫城、崇礼、赤城4个特色点段进行开发，打造以“长城文化”为主题的文博展览、文创商街、专题宣传片等。张家口长城博物馆位于大境门来远堡城堡东部，建筑面积4360平方米，展陈面积2860平方米，全面展示张家口长城建筑形制、防御体系及长城民生文化、长城抗战等内容。此外，万全长城卫所博物馆，作为长城国家文化公园（河北段）的主题展示区，建筑面积6600平方米。该馆坐落于张家口市万全区万全镇，是全国唯一一个以长城卫所文化为主题的博物馆，立体呈现明代长城卫所文化和万全右卫城600年来的变迁。此外，崇礼长城本体保护和景观展示亮化，以及太子城遗址展览项目、长城风景道（赤城示范段）项目、大境门长城文化主题展示区项目（明德口街）、《塞上风云记》（原《张库大道》）影视剧制作、长城主题纪录片《京畿雄关》制作等10个重大标志性项目，纳入了国家、省长城国家文化公园建设项目库。张家口长城项目入选的数量排在全省前列。

河北省长城重点建设示范区有大境门段、崇礼段两个部分。2022年，在大境门段，堡子里历史文化街区、元宝山村元宝金街、清河影视基地、张垣文化度假中心（檀邑溪谷）等文旅项目，游客服务中心、文创商店、特色文化餐厅等配套服务设施建设有序推进。在崇礼段，太子城考古遗址公园“雪落宫墙”的设计独具匠心，太子城冰雪小镇也在加速建设，长城冬奥文旅融合区初具规模。

长城国家文化公园建设为张家口长城文旅产业带开发奠定了良好的基础，张家口长城文旅产业带开发，需在挖掘、利用张家口自身特色和资源的基础上，加强联动融合，以品牌意识做大做强张家口长城文旅。

二、张家口长城文化和旅游产业带发展的条件

在中国历史长河中，长城以外是游牧文化，长城以内是农耕文化。长城两边就成了农耕文明和游牧文明交流的重要场所，张家口境内众多的长城就是游牧文化与农耕文化的物化边界。张家口长城内外不同文化的碰撞成为张家口长城与众不同之处，也是张家口长城品牌建立的核心。

（一）长城内外独特的文化特色

据史料记载，中华三祖炎帝、黄帝、蚩尤就曾在现在的张家口地区碰撞、交流、融合，从而创造了辉煌灿烂的文明，其中就包括农耕文明与游牧文明的雏形。

张家口坝上地区从春秋时期就已是游牧文明的主要发展地区，而坝下的农耕文明在此时也已有了很高程度的发展，二者的交流越来越频繁。战国时期，战国七雄进行兼并战争，彼时陕北、晋北、冀北和内蒙古草原上的诸多少数民族也强大起来，不断地掳掠秦、赵、燕的边境。由于少数民族善骑射，表现出

强大的战斗力，赵、燕两国针对这种被动的局面决定在北部修筑长城。由此，修筑长城这种防御游牧民族入侵的方法得到了发展。

说到长城的作用，人们首先想到的是防御。其实换个角度来看，长城是联结多民族的纽带。修筑长城阻隔了游牧民族的入侵，既是对游牧民族的承认，也一定程度上保证了中原地区的稳定。另外，我们也要看到长城也并不是完全封闭的，它还有成千上万的关口，这些关口起到交流的作用。游牧民族以放牧为生，需要农耕地区出产的布匹、茶叶、粮食等生活用品，农耕民族也需要游牧民族的马匹，这样一来一往，双方的贸易往来逐渐增多，游牧文化和农耕文化也会相互渗透、相互融合。农耕文化和游牧文化是中国古代长期存在的两种文化类型，它们彼此之间的相互碰撞、互补及融合的过程，也就是共同创造灿烂的中华文明的过程。在这个过程中，长城在大多数的时间里，起到了规范两种文明之间秩序的作用。同样，在这个过程中，长城也成为农耕文化与游牧文化的汇聚线。①

张家口现存的古建筑遗存，既有明代所建，也有辽、金、元等朝代所留，体现着那个时代游牧文化与农耕文化的互相学习和借鉴，也在反映着游牧文明与农耕文明的交流与融合的进一步加深。在明清时期，张家口地区已经发展成为全国重要的贸易通商口岸和华北大商埠。以大境门为起点的张库大道被称为“草原丝绸之路”和“草原茶叶之路”，通往内蒙古草原腹地城市乌兰巴托（时名库伦），延伸到俄罗斯恰克图，并西抵欧洲。

著名考古学家苏秉琦先生曾说：“张家口是中原与北方古文化接触的‘三岔口’，又是北方文化与中原文化交流的双向通路。”而恰恰是中原文化与北方文化两种文明的融合，使张家口地区形成了独树一帜的文化特色，包括语言、生活习惯以及风俗等方方面面。如今，张家口坝上游牧文明区和坝下中原农耕文明区界限仍然存在。坝上地区属于高原草原地带，适宜游牧畜牧业发展；坝下地区河流贯穿广阔的谷地，利于灌溉和进行农业生产。该地区农耕文明与游牧文明交融的历史印记在当今时代依然熠熠生辉，焕发着无穷的魅力。

---

①　董耀会：《长城沿线的农耕与游牧》，《中国文物报》2016年2月24日。

（二）长城周边丰富的资源

张家口风景秀丽，自然资源丰富。天然形成的地形地貌，形态迥异的景色，浓缩成北国雄峻的风景线。

1. 自然资源

张家口地处蒙古高原和华北平原的过渡地带，特殊的地形孕育了张垣大地集冰雪、草原、温泉、山林于一体的生态旅游资源群，高原、草原、山地、沙漠都可以在这里看到。这里的自然资源主要有以下几类：

一是地文景观类。主要包括山丘、谷地与地质地貌过程形迹形成的各种景观。张家口市较有名的地文景观基本类型有 9 种，共 27 处。以黑龙山国家级森林公园、小五台山自然保护区为产业发展代表。二是水域风光类。主要包括泉、天然湖泊与池沼等，2 个亚类，共 9 处。以赤城、怀来、阳原等县温泉和怀来官厅湖、蔚县壶流河为产业发展代表。三是生物景观类。主要包括林地、独树、草地、草场花卉地与野生动物栖息地景观，共 5 个基本类型，29 处。以张北中都草原和沽源湿地草原为产业发展代表。四是天象与气候景观类。张家口市有 2 个亚类，4 个基本类型，共 4 处。①

这其中不得不提的是张家口地区的大草原。草原天路西起尚义县南侧的大青山，东抵崇礼桦皮岭处，是一条连接崇礼滑雪场、赤城温泉区、张北坝上草原风景区、白龙洞风景区、大青山风景区的重要通道。在草原天路的周边还有桦皮岭、野狐岭、古长城、玻璃吊桥等旅游景点。

总而言之，张家口地区自然资源丰富，风光秀美，将祖国的大好河山展现得淋漓尽致，是个天然的旅游胜地。

2. 历史文化资源

张家口历史文化悠久，文物古迹荟萃。在涿鹿县有千年始祖的遗址，为人们讲述了中华民族人文三祖在这里生息战斗的历史，让人们加深了对中华文明的了解。世界著名的泥河湾遗址位于阳原县境内。泥河湾遗址几乎记录了人类的起源和演变的全过程，是一个天然的博物馆，对于探索世界早期人类的发展

① 《关于对政协张家口市等二十届委员会第五次会议第 331 号提案的答复》，https://www.zjk.gov.cn/content/jyta/140456.html，访问日期：2023 年 1 月 5 日。

及文化的演变具有重要的意义。被称为全国十大考古新发现之一的元代中都遗址坐落在张家口张北县境内。中国万里长城中四大关口之一的大境门位于张家口市北端。此外，张家口还有张北县野狐岭要塞、怀来县的鸡鸣驿、下花园区的鸡鸣山、宣化的清远楼、赤城县独石口长城、沽源县的梳妆楼等文物遗址。

张家口地区红色教育资源也相当的丰富。华北地区筹建最早、建筑规模较大的察哈尔烈士陵园就位于张家口市，因具有特殊的爱国主义教育价值成为社会各界竞相瞻仰、参观的场所。董存瑞烈士纪念馆坐落在怀来县存瑞镇。董存瑞的英雄事迹一直广为传诵，激励着热血青年为祖国的和平和建设事业而奋斗。苏蒙烈士陵园和平北抗日根据地都是为了纪念在抗日战争时期逝去的烈士而建，具有十分重要的教育价值。

3. 民俗资源

张家口地区独特的地理位置，造就了当地民俗乡风具有移民文化烙印，具有农耕文明与游牧文明交融的特点。张家口地区独特的民俗文化表现在语言、衣食住行、寺庙、民间艺术等方面。

明清时期，西北、东北、山西等地人口迁移到张家口地区，使这里形成汉族、蒙古族、满族、回族、维吾尔族等多民族聚集区。经过代代相融，当地语言形成多地方言的混合体。再加上受到周边山西、内蒙古、北京、保定等地语言的影响，张家口地区的各县方言同中存异，尤其是蔚县的方言在张家口范围内独一无二，体现了张家口地区独特的方言文化特点。

张家口地区独特的民俗文化渗透到人们的日常生活中。比如，穿戴具有民族特色的服装，保持独具特色的食俗。坝上草原地区以食用莜麦、土豆、胡麻为主，坝下山区则以食用玉米、谷子、黍子为主。蒙古族有食用手把肉、涮羊肉、烤全羊等食俗。

明清以来，张家口的寺庙逐渐增多，每个县区都有寺庙，最负盛名的寺庙有云泉寺、释迦寺、金山寺、护国寺等。频繁的庙事活动，形成了独具地方特色的庙会文化。

这里还有独特的民间艺术。在张家口坝上地区流传着如二人转那样的表演形式，在当地被称为二人台。最为著名的有康保二人台和尚义二人台。蔚县剪纸在国内外享有盛誉，蔚县剪纸的独特之处在于它是雕刀手工刻制而成。打棍是万全区独具地方特色的民间舞蹈，深受人们喜爱。此外，张家口还有阳原石雕、赤城根雕与石刻、康保玉雕等丰富多彩的民间艺术。

张家口民俗资源丰富，独具地方特色，为发展城乡旅游业奠定了基础。

4. 其他旅游资源

除了自然资源、历史文化资源、民俗资源以外，张家口还充分挖掘和整合利用了其他类型的旅游资源。例如，张家口在草原天路沿线开发了中都草原度假村、沽水福源度假村、安固里淖草原旅游区、沽源牧场蒙古大营、尚义五台蒙古民俗村等草原旅游度假区。各地的草原度假区建有满足游客不同需求的蒙古包、宾馆、仿古四合院、篝火舞场等设施。为了让旅客深度体验草原风情，各度假区还开设了跑马、越野车驾驶、射箭等娱乐项目。

随着2022年冬奥会的召开张家口崇礼的冰雪旅游产业迅速发展并逐渐成为崇礼的支柱型产业。为了满足不同等级滑雪爱好者的需求，崇礼修建了多个不同类型的滑雪场。比如，万龙滑雪场适合中级水平以上的滑雪爱好者，知名教练、高级学具应有尽有；而富龙滑雪场则是以家庭、儿童为主要服务对象的大型休闲滑雪度假场所。

近年来，张家口精心打造了各具特色的旅游品牌，如草原天路、滑雪胜地、华夏祖源等，形成“一核一带三区”的旅游产业格局。随着京津冀一体化进程不断加快以及北京都市圈的迅猛发展，张家口地区的游客接待量也在逐步上升，再加上本地旅游基础设施的不断完善以及独特优美的环境，张家口逐渐成为休闲度假的旅游胜地。

（三）经济发展的需要

张家口地区经济较为落后，为促进当地经济的发展，张家口需根据自身地理位置的特殊性、浓厚的历史积淀、丰富的自然资源和民俗资源等优势条件，大力发展旅游业。

冬奥会的召开为张家口经济的进一步发展带来了机遇。近年来，张家口一直在大力发展冰雪产业，着力打造具有国际影响力的冰雪旅游胜地。目前，张家口开发的冰雪旅游小镇已经接待了众多游客，极大地促进了当地经济的发展。为了吸引更多的游客，张家口还充分挖掘当地的乡村民俗、历史文化，如长城文化、泥河湾文化、三祖文化等，为当地旅游经济的发展提供了深厚的文化底蕴。

张家口农产品资源丰富。近年来，张家口以创建冬奥会农产品供应地为契机，培养具有市场竞争力的特色农产品品牌。较为有名的农产品品牌有宣化葡萄、坝上口蘑、莜面、蔚县大杏扁、柴沟堡熏肉、蔚县贡米、崇礼蚕豆、阳原供佛杏、怀安豆腐皮、长城系列酒（沙城老窖、沙城王、长城葡萄酒）、钟楼啤酒、长城乳品等，这些特色农产品为张家口地区经济的发展提供了重要的物质基础。

整体来说，张家口根据自身独特的条件，正在打造符合自身发展需求的特色旅游品牌。如能将现有条件与长城资源进行深度融合，发展特色长城文旅产业带，将更大力度加快当地经济的发展，提升当地经济实力。

（四）政府政策对长城保护开发的支持

张家口坚持保护好、传承好、利用好长城的总体要求，贯彻“保护为主、抢救第一、合理利用、加强管理”的文物工作方针，对境内的长城制定了一系列的保护措施，为长城的利用和开发提供政策支持。

2002 年，张家口市人民政府发布关于加强长城保护管理的通知。2005 年，张家口市政府及桥西区政府共同制定了大境门保护规划方案，共筹措资金 680 万元用于长城外大境门东、西两侧居民的迁出工作，拆除破旧房屋，改造设施，恢复大境门外东侧长城 100 米，再现当地自明隆庆五年（1571 年）直至民国时期 400 多年的互市、边贸市场原貌。

2010 年以来，张家口市以历史资料为依据恢复来远堡古迹，修建领事馆、博物馆、总管署、会馆、票号、洋行、观市楼等一批历史文化设施；复修复建大境门至元宝山沟口段建筑，重现“茶马互市”的繁荣景象。与此同时，对大境门广场进行升级改造，建设形成全省乃至全国一流的集休闲、娱乐、演艺于一体的多功能、现代化大型文化广场。

除了张家口市政府制定的政策外，各区、县也都根据当地的实际情况制定了相关的长城保护措施。2005 年，怀来县成立了长城保护管理委员会；赤城、康保、张北、万全等地分别发布了加强长城保护管理的通知。此外，市、区、县还召开长城保护会议，如一年一次的联合长城保护例会，张家口市召开的大境门长城保护开发汇报会。这些会议不仅促进了长城保护管理经验的交流，而且为长城的开发利用奠定了基础。为了推动当地长城旅游产业的发展，张家口市及各区、县政府还制定了财政补贴等投资鼓励政策。

三、张家口长城文化和旅游产业带发展面临的问题

张家口长城文化和旅游产业带的开发是展示张家口地区长城及周边资源的文化窗口，也是推动张家口地区经济发展的重要支撑。目前，张家口长城文化和旅游产业带存在着多种因素对长城造成破坏、缺乏整体规划、当地资源挖掘力度不足和配套设施相对不完善等问题，正视现存的这些问题，有助于更好地开发张家口长城文化和旅游产业带。

（一）多种因素对长城造成破坏

张家口长城资源众多，素有“长城博物馆”的美称。但是受风雨等自然因素的影响，张家口的长城很多已经坍塌、毁坏，甚至不复存在。

张家口地处山区，当地民众对于长城以及长城文化的理解与保护还不够深入，导致人为破坏长城的情况时有发生。此外，长城是我国最早向游客开放的文物保护单位，有些不文明的游客在长城墙体、遗址等处乱写乱画，对长城造成一定程度的破坏。

（二）整体规划有待进一步加强

张家口县县有长城，各县长城基本处于单一化的旅游开发初级阶段，缺乏对长城及沿线的整体规划，缺乏对张家口长城以及周边历史文化资源的统一整合，缺乏包装式的整体开发。这些情况导致现有长城文旅产业发展没有彰显出张家口地区的文化特色，旅游产品同质化较为严重。再加上周边资源比较分散，表现出当前开发还缺乏明确的整体旅游路线规划。

长城文化和旅游产业带是最有旅游特质的空间格局。张家口对于长城文化和旅游产业带存在着认识上的误解，长城文化和旅游产业带绝不是长城“全线旅游”，更不是对长城景区的“全线开发”。因此，要推动张家口长城文化和旅

游产业带的发展，还需要进行整体的规划。

（三）当地资源挖掘力度不足

长城文化博大精深，具有多重意义。张家口地区长城年代久远，所孕育的长城文化极具地方特色。目前，张家口的长城文旅资源开发利用仅停留在对遗址景点的展示层面，存在着挖掘力度不足、融合力度不足的问题。

长城文化和旅游产业带应该是文化与旅游的深度融合。长城作为世界上最博大的文化遗产，其内涵深厚，只有深入挖掘内涵，才能对长城文化和旅游产业带的开发形成更为广阔的思路。

（四）配套设施相对不完善

近年来，张家口市景区建设在不断地完善，建设了多个度假村和酒店，其他基础设施建设也在逐步提升，交通、通信情况有了明显的改善。但是，部分景区的基础设施相对来说还不够完备，仍有很大的提升空间，如通信网络覆盖率低、旅游厕所少、停车场面积小等问题仍需改善。

张家口长城文化和旅游产业带主要以张家口长城文化资源为开发基础，辐射带动周边的旅游资源。因此，配套设施的相对不完善成为制约其发展的一个重要因素。

四、张家口长城文化和旅游产业带构建总体策略

张家口市坚决落实中央关于“坚定文化自信，推动社会主义文化繁荣兴盛”重大政策部署，贯彻“保护为主、抢救第一、合理利用、加强管理”的文物工作方针，着力提升保护和利用长城的整体水平，构建长城文化和旅游产业带。

（一）产业带构建原则

张家口长城不仅数量庞大，而且历史悠久，文化内涵丰富。独特的地理位置，造就了当地独具特色的文化、生活习俗，再加上张家口得天独厚的自然资源条件，使张家口可称为旅游资源大市。近年来，为了促进张家口地区经济的全面发展，政府发布相关的旅游政策、召开促进旅游业发展的各种会议、举行多种多样的促旅游活动为当地旅游业的发展保驾护航。

张家口在2018年至2035年旅游规划中明确提出，要建立“一带两路三区”的全域旅游新格局。张家口还借第五届河北省旅游发展大会之机，提出要打造京张体育文化旅游休闲带，形成“一带五区”的旅游发展格局，建设高质量发展的国际旅游目的地。在此基础上，张家口制定出长城文化和旅游产业带开发的总体规划，依托“点-轴系统”理论构建全域旅游的大格局。

（二）产业带构建的目标

张家口长城文化和旅游产业带构建的总体目标是，拓展长城内外文化纽带，打造“大好河山·长城印象”系列品牌。

1. 拓展长城内外文化纽带

历史上，长城一边是农耕文明，一边是游牧文明，长城内外呈现出迥然不同的面貌。今天的中国，长城两边文明相互交融、文化相互渗透，56个民族和同一家，长城内外皆是故乡。

张家口长城文化和旅游产业带发展应以“长城内外是故乡”为文化纽带，多角度、多层次挖掘张家口长城内外的联系与特色，逐步拓展长城内外景观文化纽带、长城内外民俗文化纽带、长城内外贸易文化纽带和长城内外军事文化纽带，不断丰富文旅产品。

2. 打造“大好河山·长城印象”系列品牌

张家口自古以来就是军事重镇，是兵家必争之地。清朝入主中原后，为了方便长城内外的贸易往来，在张家口明代长城上开豁建立了大境门，意为边境之门。1927年，察哈尔都统高维岳为大境门题写了“大好河山”4个颜体大字。“大好河山”是对张家口自然景色的赞美，更是对张家口悠久历史和灿烂文化的精辟展现。

“大好河山”内涵丰富，与张家口融为一体。可以说，提到大好河山，大家就会想到张家口。打造“大好河山·长城印象”系列品牌，其实就是将张家口地区的长城文化、长城精神宣传出去；就是打造特色长城旅游，提升张家口的经济发展水平；就是树立长城系列特色品牌，塑造张家口的国际形象。

（三）产业带构建的具体策略

根据自身资源基础，张家口应将寻根文化、草原文化、建筑文化、军事文化、贸易文化和冰雪文化与长城印象相结合，打造系列品牌，以使游客可以通过深度体验、徒步游览等形式切身感受长城历史的厚重，感受大好河山的壮美，感受张家口独有的魅力。

1. 寻根长城品牌打造策略

张家口的历史文化十分厚重，阳原县的泥河湾遗址群和涿鹿县的中华三祖圣地与长城共同见证了华夏文明的交流融合。张家口打造寻根长城品牌，掀起寻根旅游热潮，宣传华夏文明，弘扬民族精神。

打造寻根长城品牌，要深入了解张家口地区寻根问祖的历史文化。桑干河流域孕育了阳原县的泥河湾文化、中华三祖文化以及农耕文明和游牧文明的雏形。泥河湾遗址群清楚地反映了旧石器时代人类的活动状况，直接改写了世界关于人类起源和人类文明发展的历史，成为人类寻根问祖的圣地。涿鹿县的三祖圣地是中华民族和华夏文明的起源地之一，孕育了灿烂的三祖文化以及农耕文明和游牧文明的雏形。长城作为农耕文明和游牧文明的产物，与泥河湾遗址、中华三祖圣地一脉相承，共同见证了中华民族自强不息的民族精神和文明交流的传统美德发展的千年历程。桑干河流域厚重的历史文化为张家口打造寻根长城品牌奠定了基础。

打造寻根长城品牌还需要进行合理的规划，以规划为指导，对当地的旅游资源进行深度开发和利用。整合当地以及各区、县之间的各种资源，并在此基础上不断地完善相关的服务和基础设施建设。对于不同姓氏文化、民族文化的规划应该体现出差异性。此外，还应该大力培养旅游人才，提高产业队伍的素质。

现根据阳原县和涿鹿县不同的地域特色，规划出独具特色的旅游路线。主要分为县城内部的旅游和县际之间的旅游。

首先，根据阳原县的地域特色，主要推出两条旅游路线：一是寻根＋长城＋休闲，二是寻根＋长城＋民俗。

“寻根＋长城＋休闲”这条路线侧重休闲娱乐，主要经过泥河湾国家考古遗址公园、泥河湾温泉生态城、泥河湾博物馆和烽火台等景点。游客可以在泥河湾国家考古遗址公园、泥河湾博物馆和烽火台了解人类的起源和中华民族交融史，然后去泥河湾温泉生态城进行休息。泥河湾温泉生态城集合水上游乐、养生休闲、餐饮娱乐于一体，水上乐园还有专为儿童设计的娱乐项目。园区内还配套生态农业采摘、文化艺术品及土特产销售等服务，让游客可以感受到泥河湾的地域风情。

“寻根＋长城＋民俗”这条线路则是以民风民俗体验为侧重点。在经过泥河湾博物馆和泥河湾国家考古遗址公园等景点后，游客可以依靠自驾、徒步旅行的方式逛遍当地的长城和民俗特色村。比如，在化稍营镇可以品尝到化稍营驴肉、狗肉；在上八角村可以品农家美味，喝神泉老酒；在揣骨疃村可以品尝凉粉、豆腐干、油皮等。尤其是揣骨疃村，在过年期间推出的“豆腐宴”更是独具特色，游客至此可以大饱口福。此外，阳原部分地区受蒙古族的影响，惯喝奶茶等。当地受原始信仰和宗教观念影响颇深，定期会举办社火表演、庙会活动、各种祭祀等。阳原的皮毛产品也十分有名。这些民风民俗都是具有吸引力的旅游资源。因此，这条线路对于喜欢自驾游的游客来说是一个深度体验当地的民风民俗和文化特色的最佳游览线路。

其次，针对涿鹿县的地域特色，制定出一条精品旅游路线：寻根＋长城＋观光。

这条路线的设定主要是依托涿鹿县提出的“三山一带一路”旅游格局，路线囊括了涿鹿县著名景点，主要包括黄帝城遗址、黄帝泉、蚩尤寨、中华三祖堂、中华合符坛、轩辕湖等与中华三祖有关的寻根景点，白家口长城以及小五台山自然风景区、国家级黄羊山森林公园、东灵山生态旅游区等自然景观。路线也整合了当地民俗、艺术、农业等特色资源，在发展寻根旅游的同时，带动乡村振兴。

最后，规划县际之间的旅游路线。该线路是按照桑干河的流向进行规划的，主要经过的景点是阳原县泥河湾遗址群、张家口宣化区桑干河大峡谷生态旅游区、涿鹿县中华三祖圣地、怀来县温泉度假区。

游客从阳原县的泥河湾遗址群了解到人类的起源以及长城见证的文明的融合印记；然后到张家口宣化的桑干河大峡谷进行游玩，领略桑干河孕育的险峻地形地貌之美；紧接着到达涿鹿县的中华三祖圣地，了解中华民族的起源；最后到怀来县温泉度假区，一边品尝当地特色的葡萄酒，一边泡温泉，将旅行的疲惫消去。

2. 草原长城品牌打造策略

张家口以“长城内外是故乡”为文化纽带，打造长城内外独有的草原景观。为了带动当地旅游的发展，张家口市修建了草原天路，将张北、沽源、尚义三县连接起来。草原天路沿线分布着六代古长城遗址、桦皮岭等人文、生态旅游资源。沿着草原天路可以看到六代长城的风貌，可以感受到农耕文明与游牧文明的融合，草原天路长城景观展现出守望和平、开放包容的时代精神。因此，可以草原天路为基础打造草原长城品牌，将张家口地区独特的文化品牌宣传出去，将开放包容的时代精神延续下去。

打造草原长城品牌，首先需要完善当地的基础设施，保护草原生态以及天路周边的长城。其次应该发挥区域特色，让草原天路沿线呈现出不同的地域景观。最后还需深度挖掘沿线的文化、民俗、饮食等资源，打造草原长城特色产品。

根据草原天路的走向，可将草原天路分为草原天路沽源段、草原天路张北段和草原天路尚义段。在进行草原天路总体规划的基础上，对不同分段的旅游路线进行设计，打造既有整体性又有地方特色的草原长城品牌。

首先是规划草原天路的整体旅游路线：草原天路桦皮岭入口—沽源县滦河神韵—天路沿线古长城遗址—张北中都草原度假区—尚义县大青山国家森林公园。通过这条路线，游客可以感受到张家口坝上地区的草原风情以及农耕文明和游牧文明交融的风俗。草原天路的长城遗址展示最为集中，游客沿着草原天路可以感受长城的壮美，可以感受沽源、张北、尚义不同的地形地貌和民俗乡风。随着草原天路的修建，周边的景区以及基础设施建设都在不断地完善，这条旅游路线可以让游客对张家口的长城旅游有线性体验，并减少车程。

其次是草原天路分段的旅游路线。根据三地的不同之处，各规划一条最佳的旅游路线。

沽源段主打路线为：观光＋长城＋草原。

沽源段草原天路起始于沽源县平定堡镇双脑包村，终点位于张北县老虎沟。因此，前来草原天路旅游的游客可以先在沽源段著名景点进行观光。例如，可游览滦河神韵、闪电河、五花草甸、梳妆楼元墓、历代长城等景点，然后去沽源塞外庄园品味坝上的野生口蘑、牛羊肉等，体验塞外骑马的草原风情。

在感受了沽源县的独特文化后，游客可以沿着沽源段的草原天路一路前行。沽源段天路大部分以绿色长城“塞北林海”风电道路为依托，沿途可欣赏湖泊、湿地、森林、草甸、古长城、烽燧等景观。周边人工种植的油菜花、胡麻等作物，也为草原天路增添了风采。

张北段主打路线为：草原＋长城＋娱乐。

张北段草原天路最长，也是吸引游客资源最多的一段。沿线分布着古长城遗址、桦皮岭、野狐岭、张北草原等旅游资源，沿途旅客可以欣赏塞北的梯田、悠久的古长城遗址、唯美的自然风光。到草原天路张北段旅游，主要还是以体验当地民俗文化、娱乐为主。在张北，白天可以开展骑马、骑骆驼、开草原卡丁车、开沙滩车、草原射箭、草原足球赛等户外活动。这里的饮食以坝上莜面和烤全羊为主，晚饭后有篝火晚会和民族歌舞表演。居住的民宿是具有蒙古族特色的蒙古包。张北县中都草原每年都会举行草原音乐节吸引游客和音乐爱好者。此外，还可规划航空路线，为游客浏览草原、俯瞰天路开拓新的游览方式。

尚义段主打路线为：长城＋草原＋乡村。

尚义是草原天路的最西线。尚义段的草原天路东起小冬梁村，途经石人背地质公园、原始石林大火堆山、明长城、大青山国家森林公园等景点。尚义段草原天路的主要作用是带动沿线乡村发展。沿线修建了玻璃栈道、蚂蚁王国、彩虹道等设施，依托大青山险峻的地势，吸引了众多游客前来旅游，带动尚义县二道背村致富。当地最具特色的是尚义县十三号文创旅游村，该村借助大青山旅游资源以及地理优势，将空心村变成了窑洞宾馆村。在这里，可以品尝到具有蒙古风味的蒙古餐饮和坝上特色农家饭。十三号村还建了采摘园、养殖园等，让游客在体验乡村生活的同时，为乡村振兴贡献自己的一份力量。

3. 建筑长城品牌打造策略

张家口长城建筑有的是土夯、石筑、土石混筑，有的是石片干插、石块干垒，也有的是土夯墙芯，外用青砖、石条灰浆砌筑。长城的顶部呈现各种样态，有尖顶、圆顶、平顶、斜顶。有的顶部非常宽阔，可以八人并行、四马并排。可以说，张家口境内修筑的长城代表着当时的建筑水平。除长城建筑外，张家口还有一些独特的古城、古堡等遗迹。这些建筑是中国古代人民汗水和智慧的结晶，展现出中华民族坚强不屈的精神。

张家口可保护和利用好古长城、古堡等遗迹，打造精品建筑长城品牌。打造精品建筑长城品牌需要加大对张家口地区的古长城、古堡的保护，定期勘察墙体状况，以免受到自然或人为的破坏。此外，还需要将建筑所蕴含的文化内涵讲给大众，传承中国的长城建筑文化。

现根据张家口地区古长城、古堡的保护、开发和利用情况规划旅游路线，路线设计力求让游客在观光旅游的过程中欣赏古建筑的美，感悟古人的智慧。整体的旅游路线是依照张家口地区城市的位置进行规划的。主要游览的景点有张家口市区大境门旅游风景区、万全京西第一卫——明长城古建筑、宣化古城及周边阁楼、赤城独石口长城和怀来鸡鸣驿古城。

针对张家口市区建筑多样的古长城、古堡，制定的旅游路线为：堡子里—大境门—大境门景区商业街—地下长城—水母宫。之所以选择这几处景点，是因为它们都承载着厚重的历史。堡子里是张家口城市的发源地，堡子里的街道、钱庄、商行、会馆、庙宇、鼓楼等基本保存了民国初期的建筑风貌。大境门作为张家口最具有标志性的建筑，是必不可少的打卡地。在大境门周边建有仿古商业街，里面主要经营地方特产等。在商业街周边还有地下长城、来远堡。水母宫除了独特的建筑之外，还有爱国将士冯玉祥的别墅和吉鸿昌烈士纪念馆。总的来说，这条线路除了可以领略张家口市区独特的古建筑风貌，还可以感受张家口历史文化的厚重感。

万全的旅游路线规划。万全旅游景点少而集中，因此旅游路线规划为：京西第一卫——明长城古建筑—长城卫所博物馆—华北山庄—洗马林堡。游客从明长城古建筑感受古长城的建筑美，从华北山庄体验当地民俗风情，从洗马林堡感受中国博大精深的寺庙文化，几处景点带给游客截然不同的感受。

宣化区不仅拥有古老的经典建筑，而且还有现代化的旅游观光区以及独特的美食、娱乐服务，因此可规划一条集古城观光、饮食娱乐于一体的特色建筑长城旅游路线。路线为：宣化古城及周边阁楼—百年老字号朝阳楼饭庄—桑干河大峡谷生态旅游区—假日绿岛欢乐农场。这条路线不仅可以让游客了解到宣化古城独特的建筑美，而且还可品尝到“老佛爷”喜爱的吃食，这里的涮羊肉和葡萄宴可以说是一绝。之后，游客去桑干河大峡谷生态旅游区进行漂流、观光，再经过 2 小时的车程到达假日绿岛欢乐农场，可来一场隐世之旅。

赤城县的旅游路线规划。赤城县已初步形成以赤城温泉为龙头的生态旅游区，这为打造赤城县建筑长城品牌提供了巨大支持。因此，赤城县的旅游路线为：独石口长城—护国寺—赤城温泉度假区。独石口长城的与众不同之处在于该长城墙体所用的石头都是片状的，独石口长城斑驳的墙体包含着丰富的历史信息和文化内涵，值得人们前去参观。护国寺的修建与土木之变密不可分，也与独石口长城有着密切的联系。除了可以了解赤城县长城的建筑和历史文化，游客还可以去赤城温泉度假区进行休闲疗养。

怀来县的旅游路线规划。怀来县是中国葡萄酒之乡，拥有燕长城、明长城、鸡鸣驿古城等文物景点，以及黄龙山庄、长城桑干酒庄等人文旅游景点和爱国主义教育基地董存瑞纪念馆。游客在怀来欣赏当地古建筑的同时，还可以领略自然美景，品游葡萄酒庄，接受爱国主义思想的熏陶。因此，规划的路线为：鸡鸣驿—董存瑞纪念馆—庙港样边长城—黄龙山庄旅游风景区—长城桑干酒庄。

4. 军事长城品牌打造策略

长城作为中国第一军事工程，在防御游牧民族的入侵上发挥了巨大的作用。张家口处于游牧文明与农耕文明的过渡地带，这赋予了张家口长城厚重的军事内涵。如今，打造军事长城品牌并不是要引起民族分裂，而是要让中华儿女从中感悟中华民族自强不息、不屈不挠的民族精神。

张家口地区的长城众多，为打造军事长城品牌提供了多种可能。在开发过程中，不仅要利用原有的长城遗址，还需要运用发散思维，打造出具有地方特色的军事长城品牌。

张北县野狐岭要塞与苏蒙烈士陵园、蒙金大战古战场遗址、六代长城古遗址共同构成了张家口大军事旅游区，这为打造具有影响力的军事长城品牌奠定了基础。基于大军事旅游区，能够让游客在了解军事文化的基础上来一场全新的军事体验。因此，要在保护好、修缮好古遗址的基础上完善相关的基础设施，如完善博物馆陈列等，然后将户内军事文化和户外军事活动相结合。户内通过讲解员的讲解让游客了解古遗址的军事文化，这对于少年儿童来说是不可多得的一次爱国主义教育。户外的军事活动以体验为主，活动区域分为娱乐区和实战区。娱乐区主要是将军事活动娱乐化，如进行射箭、滑冰、摔跤等。实战区主要是为那些追求刺激感、喜欢挑战的游客设置的。在实战区可以开展野外露营、攀岩、真人CS战等活动。游客在这里也可以购买各种军事模型，可住宿蒙古包，可品尝坝上美食。

此外，为打造军事长城品牌，还可以利用现代技术研发一款专属于本地的军事竞技类APP（手册应用软件）。将张家口各市县的古遗址、古堡、古城等都进行数字模拟，位置和名称也进行说明，玩家可以组队也可以单人竞技。这样既吸引了游客，也为军事长城品牌做了宣传。

5. 贸易长城品牌打造策略

长城沿线的贸易活动在张家口历史上留下了不可磨灭的印迹，尤其是明代的茶马互市和清代的张库大道所进行的大规模的经济往来，促进了当地商业文化的发展，同时也实现着游牧文化与农耕文化的融合。因此，可在当地再现茶马互市和张库大道的繁荣，打造贸易长城品牌，将张家口地区的地方特色产品通过贸易之路销往全国乃至全世界，全方位展现张家口地区商业文化、民族文化的魅力。

历史上，大境门是我国北方国际贸易的内陆口岸，欧洲腹地的牲畜、皮毛、药材等在这里换成茶叶、丝绸等物品，频繁的贸易往来造就了张家口地区茶马互市的繁荣。张库大道作为古商道可以看作是茶马互市的延续。张家口浓厚的商业文化底蕴为打造贸易长城品牌奠定了坚实的基础。

因此，可根据古建筑大境门和张库大道的历史印迹打造出一条特色的贸易长城旅游路线。该路线主要经过的景点有张库大道历史博物馆、大境门、草原天路张北沿线和元中都博物馆。该路线将文化、贸易、长城、草原融为一体，使游客在了解张家口地区商业文化史的基础上，感悟大境门、张库大道深层的文化内涵。此外，大境门周边的仿古商业街带领游客回到明清时期，让游客在感受贸易氛围的同时刺激消费。沿着草原天路张北段浏览古长城，重走张家口到张北段的张库大道，可以让游客感悟历史的厚重与商业文化的繁荣。目前，这条线路还需要进一步的规划和开发，景点之间交通问题、商业文化的挖掘问题、主要景点与商业文化的融合问题都需要认真考虑。

旅游规划，首先要解决基础设施的问题。一条畅通的交通路线会在很大程度上减少游客旅游过程中的负面情绪。其次是商业文化的挖掘问题。经过长期的贸易往来，商业文化已经不单单是相关文物所承载的文化，地方的风俗习惯、地域特色产品等也都或多或少地反映出商业文化的特点。因此，要运用发散思维，从多角度来挖掘商业文化内涵。最后是景点与商业文化的融合问题，切忌将景点变成贸易市场，要通过商品、乡风民俗、贸易故事等将商业文化展现出来。

6. 冰雪长城品牌打造策略

张家口拥有天然丰富的冰雪资源。借助北京冬奥会的契机，崇礼区大力发展冰雪运动产业，深入挖掘冬奥冰雪和长城文化内涵，打造冰雪长城品牌，既展现了长城历史风貌，宣传了中华优秀文化，又弘扬了长城精神。

近年来，崇礼区在完善相关基础设施的同时，大力挖掘当地的冰雪产业，建立了多种大型滑雪场和特色的冰雪小镇。此外，依托周边县区的特色资源，带动了周边地区的发展。这些都为冰雪长城品牌的打造提供了现实基础。

冰雪长城品牌的打造，仍需要以加强对长城的保护和传承为基础。需要严格保护和修缮长城及其附属设施，整合长城旅游资源，进而提升旅游接待量和服务水平；需要深入挖掘长城的内涵，当地的长城博物馆要优化展陈布局；还需要配备优质的讲解员，向游客展现长城的文化与价值。此外，还需要挖掘与长城文化有关的民俗、活动等。将冰雪与长城融合是打造冰雪长城品牌的关键，在做到冰雪旅游与长城相融合的基础上，冰雪文化与长城的融合更为重要。

除了将本地及周边的长城资源与冰雪娱乐活动相结合之外，还应该将冬奥会的文化与中国的长城精神相联通。要实现长城资源与冰雪娱乐的结合，首先应该因地制宜建设冰雪娱乐场地。场地的规划不得影响长城遗址的可持续发展。其次，要完善长城遗址与冰雪场地的基础设施建设，提升整体的服务水平。最后，可以将崇礼周边的特色资源纳入冰雪长城旅游范围，如草原天路、大境门、赤城的温泉度假区、宣化的古城等著名景点。为此，冰雪长城旅游路线可设计为：从张北出发沿着草原天路游览到崇礼滑雪场进行滑雪体验，然后去张家口大境门进行游览参观，最后去赤城温泉度假区疗养；也可以从张家口大境门出发去宣化古城游览，再去崇礼滑雪场滑雪，最后去赤城温泉度假区疗养。

冬奥会的文化与中国的长城精神的相通之处在于，它们都展现出和平、开放、包容的精神。这些精神是整个世界有所共识的，是正能量的。因此，可以将这些精神赋予一定的物质载体。例如，设计一些相关文化创意产品，通过宣传将产品的寓意让更多的人能够了解。张家口因冬奥会而闻名世界，借此契机可将冰雪长城品牌打响国际。

总的来说，打造冰雪长城品牌不单单是冰雪、长城在形式上的结合，更重要的是冰雪、长城在内容上的深度融合。

张家口长城文化和旅游产业带建设，以自身特色资源为基础，以大境门段和崇礼段为重点，以不同文化、景观特征展现祖国的大好河山。

第九章　保定整合利用长城资源，加强长城文旅产业带与美丽乡村建设的深度融合发展

保定境内的长城是万里长城的重要组成部分。作为太行山长城、内长城和“内三关”之中的紫荆关、倒马关所在地，作为长城抗战的重要战场，保定段长城有着重要的历史地位和开发意义。国家文物局发布《关于印发第一批国家级长城重要点段名单的通知（文物保发〔2020〕36 号）》，公布了共计 83 段/处的第一批国家级长城重要点段名单。其中，保定地区的明长城紫荆关段、明长城乌龙沟段、明长城白石口段等位列其中。① 但因为诸多原因，保定长城文化和旅游开发仅仅处于起步阶段。在当前推进的长城国家文化公园建设中，保定段长城怎样发挥自己的优势，建出自己的特色，是一项重要课题。保定长城文化景区建设，在资源整合、功能定位方面和主打产品、文博场馆、旅游线路、衍生文创、表达形式等方面的创新开发任务是艰巨的，也是不容回避的。保定长城文化景区发展要与其他长城国家文化公园建设形成差异性，除了与现有的资源，如清西陵、野三坡、白石山等文化与自然（地质）遗产资源和境内的绿色生态文化资源、红色资源等结合外，还应结合自身长城与乡村结合度高的特点，加强与美丽乡村建设深度融合，以不一样的特色之路打造出长城新的品牌形象。

① 《保定这几段长城列入首批国家级长城重要点段名单》，http://www.hebei.gov.cn/hebei/14462058/14471802/14471717/14471786/14975830/index.html，访问日期：2023 年 1 月 5 日。

一、保定境内长城概述

保定位于河北省中部，西面是太行山脉，东为华北平原，是国家级历史文化名城。保定境内的长城是万里长城的重要组成部分。2012 年，国家文物局认定保定境内的长城总长度为 247.545 公里。

（一）保定境内长城的资源分布

保定境内的长城主要分布于市域的西部区域，包括涞水、易县、涞源、唐县、阜平、曲阳、顺平、徐水；从中山长城到明长城，历史时间跨度达 1954 年。

境内现存最早的古长城主要是战国时代的中山国长城，主要分布于唐县、顺平、涞源、曲阳等地。《史记·赵世家》记载："赵成侯六年（前 369 年），中山筑长城。"1988 年，考古工作者在唐县境内的唐河东岸发现了一道石砌中山长城遗迹，此后又陆续在曲阳、顺平、涞源发现了相近的长城遗迹。在险峻沟谷筑城防御的前沿隘口有两处：涞源县黄土岭、唐县周家堡。典型地段是黄土岭至周家堡和顺平县神北、神南一带。①

燕国曾修筑南北长城，保定境内的易水长城为燕南长城，修建于公元前 334 年，原西起易县狼牙山东麓，向东经易县、徐水、容城、安新、雄县到文安、大城的子牙河西岸。

保定市明代内边长城有东向与南向两道，南向的那一道没有边墙，取而代之以数百个关口自山西平型关南下至保定阜平县龙泉关，经固关到黄榆岭。龙泉关东北是吴王口、倒马关、紫荆关等关口，倒马关东北边是插箭岭口。而东向的那道长城便由山西省灵丘县依山势向东进入河北涞源境内狼牙口，从涞源县七亩地村向东至独山城，经石城安、插箭岭口、白石口、湖海口、宁静安口，北向浮图峪、乌龙沟关堡。明长城在保定境内从东北到西南，经过涞水、易县、涞源、阜平、唐县。

---

① 李文龙：《保定境内战国中山长城调查记》，《文物春秋》2001 年第 1 期。

（二）保定境内长城的重要性

保定段长城位于太行山山地及山前丘陵、台地和平原地带。历史上，太行山曾经是农耕民族与游牧民族的天然分界线，保定长城关隘在战争时期一般是起到防御和阻挡游牧民族“侵扰”的作用。中山长城为防御燕国和赵国所建，燕南长城为防御齐国和赵国所建，这类长城基本上是当时的诸侯国国界线。保定明长城是明王朝为抵御游牧民族侵袭设置的北方防御体系的第三道防线，是“大边”“二边”之后的“内边”，属于内长城，著名的“内三关”（居庸关、紫荆关、倒马关）中的紫荆关、倒马关坐落于保定境内。

保定长城见证过许多重大的军事事件。据史料记载，东汉建武二十一年（45 年），乌桓南侵，刘秀派遣伏波将军马援在五阮关（今河北易县紫荆关）进行伏击。南宋嘉定六年（1213 年），蒙古成吉思汗亲率蒙古大军绕过重重关隘驰入紫荆口（今河北易县西北紫荆岭），金人在睡梦中惊起，仓促应战于五迴岭（今河北易县西），金人大败。明建文三年（1401 年），大同守将房昭趁燕王朱棣举兵南下，故而由紫荆关出保定到易州西水寨，以窥测北平。发生在这里的最为著名的历史事件当属“土木堡之变”。①

（三）保定境内著名长城隘口

1. 紫荆关

易县紫荆关历史悠久，为长城内三关重镇之一，在长城史上有着重要的地位。1993 年，紫荆关被确定为国家重点文物保护单位。《吕氏春秋》称当时的紫荆关为“五阮关”，五阮关是著名的天下九塞之一。此关名字几经变更，秦汉称上谷关，北魏称子庄关，隋唐称白壁关。后来改称为“浦阴陉”，被列为太行八陉之第七陉。宋初时还叫过“金坡关”。后因关城内外遍布紫荆树，紫荆花开香飘万里而称紫荆关。

紫荆关位于宣府、大同两军镇与内相接的咽喉之处，为兵家常争之地，历史上在此发生过很多故事。东汉时期，马援在紫荆关以退为进诱敌深入，打败乌桓大军。元代，成吉思汗与金兵作战时，通过紫荆关攻克居庸关。明代，瓦

---

① 何圳泳：《涞源县明长城的军事防御》，《保定学院学报》2015 年第 5 期。

刺兵挟明英宗攻克紫荆关，长驱直入，明朝险灭亡。抗战时期，紫荆关南黄土岭村发生了著名的雁宿崖战斗。

历史上的紫荆关有城门9座、水门4座，里外城相连，城门环环相套，设计巧妙。关城面积约3平方公里，现为紫荆关镇政府所在地。以城内真武山为中心，紫荆关城墙依山起伏向四外延伸，形成4个不规则的城圈，大城套小城。这种顺山势而建的布局，作战时可互为呼应；每个城圈又可独立作战，自成防御体系，具有很高的军事价值。关城内现有城墙1.2万米左右，仍保留3座城门、3座水门、2座敌楼。关城的南门坐东朝西为石券拱门，门额上嵌有“荆塞金城”匾；北门建在拒马河谷地南岸，坐西朝东。条石砌筑的雄壮关门之上嵌有石匾2重，上重题为“河山带砺”，下重题为“紫荆关”，字迹苍劲有力、浑厚古朴，落款署“万历丁亥聊城傅光宅书”。

由于人为和自然的破坏，紫荆关长城损坏严重。经国家文物局批准，2003年起，紫荆关进行了四期修复。

2. 倒马关

倒马关位于保定唐县西北60公里的倒马关乡倒马关村，汉代称常山关，北魏叫铁关，亦名鸿山关，明代以后通称倒马关。倒马关因山路险峻、战马到此经常要摔倒而得名。

倒马关城，周长约2.5公里，城墙底宽6米，顶宽4米，高约10米，墙为黄土夯筑外砌砖石。关城东、西、北设有3个城门，东门称“居仁”，西门称“由義”，北门称“宣威”。关城建筑设计独特，依地势而建，一半在沟谷，一半在山上，唐河水由西、北、东三面环绕关城而流。山、水、关城在这里相得益彰，互为险阻，设防之严，建筑之奇，令人叹为观止。明正德十五年(1520年)，为纪念杨延昭镇守三关的功绩，在倒马关城西3公里的马圈山上修建了“六郎碑”，碑文为：宋将杨六郎拒守之处。

东汉初年，卢芳势力在匈奴的支持下一度占据了河套、代北之地，中原王朝的统治腹地——河东、河北地区，也受到了严重的威胁。位于太行山腹地的倒马关，成为阻挡游牧民族南下“侵扰”内地的前沿关口。① 战争时期，倒马关可与周边的隘门、飞狐关、紫荆关、鸿上关等关口连为一体，形成农耕民族阻防北方游牧民族的有效体系；国家相对安定时，以倒马关为代表的关口又可为不同政权、不同地域间使团、商旅的往来提供便利。

为了加快长城国家文化公园建设，保定市唐县文化和旅游局发布《唐县倒马关历史资料征集公告》，加快唐县长城国家文化公园建设，并借此带动实现文化兴县和全域旅游工作。

3. 涞源境内明长城

涞源境内的明代长城为内边长城，修建于万历元年（1573 年）至万历十四年。长城从县域东北的苦壮石入境，自西南狼牙口出境，总长度达 122.5 公里，属真保镇管辖段，为明代真保镇管辖之“次边”，是保卫紫荆关的重要军事防御设施。从东至西有乌龙沟、浮屠峪、宁静庵、白石口、插箭岭、独山城、狼牙口等长城，建在乌龙河、拒马河、唐河河谷和白石山东、西两麓。涞源明长城设有 269 座敌楼，7 座城堡，53 座烽火台，38 座马面。其中，敌楼保存完好率为 51%，城墙保存完好率为 48%。涞源长城的“原生态”颇具科学、艺术、历史及旅游观光价值。2013 年，涞源境内所有长城列入全国重点文物保护单位名录。

河北省委、省政府将涞源段长城列入长城国家文化公园第二批建设范围。借助这一规划，涞源段长城开发将搭上快车，实现发展的飞跃。涞源县计划投资 4 亿元开发建设环长城文化之旅暨康养度假项目。该项目位于涞源县白石口村、杜家台村、柱角石村，规划面积 1550 亩。根据规划，白石口村将建设长城文化展览园区、长城文化记忆体验园、低空飞行观光、长城主题酒店、度假区、体育赛场、游乐谷等项目，还将不定期举办摄影展、书画展等。杜家台村未来将成为艺术家们的采风基地，也将重点建设有着浓郁长城风情的旅游设施，同时开发户外露营、山地运动、农耕体验等项目。而柱角石村将重点打造以国学大讲堂为主的文旅项目。

---

① 刘树林、王海：《倒马关考略》，《保定学院学报》2021 年第 1 期。

（四）保定长城的建设历史呈现与村庄内在融合的特点

长城修建基本上采取“因地制宜、就地取材”的原则，在陡峭的山峰、绝壁地段，“以山为墙”势若屏藩，典型地段是黄土岭至周家堡和顺平县神北、神南一带。

1. 长城与村落地理位置的交错

长城蜿蜒起伏，长城下面一般是散落的村庄。以明代长城在涞源的走向可以看出长城与村落内在融合的特点。涞源境内长城经过 12 个乡镇，大致走向为：由七亩地村村东跨唐河至独山城，自独山城再往东跨兰荆背山至石城安，继续向东过插箭岭到白石山林场，接着向北抵白石口，由白石口再向东约 12.5 公里，再转向北至浮图峪，过浮图峪向东北经小河乡天桥村、煤烟洞乡瓦窑梁村、乌龙沟乡崔家沟门，然后由乌龙沟乡草滩村村东北约 3 公里地方出涞源界，然后进入涞水县。

长城是一项系统的防御工程。孤立的城墙是起不到多大的防御作用的，它还必须和一系列的关堡、烽燧结合，才能形成严密的防御系统。烽燧筑于长城干线上，关堡则位于长城沿线的内侧。这些烽燧或城址目前大部分分散在村庄里，在悠久的历史中见证着村庄的发展。如隋家庄长城敌楼、涞源唐子沟长城敌楼、唐县凤山庄村西南的烽燧等。还有位于唐县葛公乡北洪城村村北的洪城遗址，是非常重要的关口，扼守山区通往平原的咽喉地带，战略地位极其重要，很可能就是中山国西北部的重要关隘——鸱之塞①。由于年代久远，目前城址破坏严重。明代长城乌龙沟、浮图峪、紫荆关、倒马关等均属于关堡类别。

长城周边有时还会形成一些与屯戍有关的生活聚居地。比如，位于涞源县黄土岭村村南的黄土岭古城址，建于战国时期，遗址面积约 1 万平方米。此遗址应是当时黄土岭关隘屯戍军卒驻扎、生活的居住址。

2. “因边山险”“因河为固”将长城与山村密切相连

保定西部山区的上述长城遗迹，虽略有断续，但基本相连，且在构筑方

---

① 李文龙：《保定境内战国中山长城调查记》，《文物春秋》2001 年第 1 期。

式、结构、规模、形式等方面基本一致。从我国有关古代长城的史料记载中可以看出，战国、秦汉长城在地形的选择上有两个基本特点，即“因边山险”“因河为固”，这两个特点在保定段长城遗迹表现得十分明显。“因边山险”的长城地段，以顺平富有村至顺平、唐县交界的马耳山北麓一段最为明显。因大山的阻隔，这里交通不畅，影响当地山村发展。但随着各级政府对长城保护、开发的重视，长城也成为推动周边村落发展的关键因素。

二、保定长城文化和旅游产业带构建的基础

保定境内的长城是万里长城的重要组成部分。2012 年国家文物局宣布，基于 6 年的调查而统计出的中国境内历代长城总长度为 21 196.18 公里，而保定境内的长城总长度为 247.545 公里，约占全国长城总长度的 11.7%。

（一）保定长城的独特体系

保定长城的独特之处在于它是全中国和全世界唯一集合了山地长城、平原河堤长城、平原地下长城和水系长城的区段，囊括了不同时代不同风格的长城景观。

保定境内中山长城和明长城基本布局在山地、丘陵地带。燕南长城主要在平原，是沿南易水河岸构筑的河堤长城。

地下长城——宋辽地下古战道。据传是北宋名将杨延昭在与辽军的战斗中修筑的，战道分布区域东西长 65 公里，南北长 65 公里，总面积达 4225 平方公里，位于雄县、霸州、文安、永清境内。雄县境内的古战道现已查明的有雄县双堂乡祁岗村战道和雄州镇邢村大台战道。古战道内布局错综复杂，内部有迷魂洞、藏兵洞、掩体、翻板、翻眼、放灯处、通气孔等。

几乎在修建地下战道的同期，北宋于 987 年开始修筑水长城。水长城西起保州西塘泊（今保定府河、清苑河），东至沧州泥沽海口（今天津军粮城泥沽村），全长近千里。绵亘 7 座军州的水长城范围包括保州（今保定）、雄州（今雄县）、霸州、瀛洲（今河间）、莫州（今任丘北）、沧州、定州。水长城沿途汇集了河流 19 条，淀泊 30 个。其全线分为了 8 个区段，设置堡垒 26 座，军铺 125 个。

（二）保定长城在抗战史上的重要意义

中国长城抗战发生在两个时段和两个区域。一个是1933年发生在山海关、义院口、冷口、喜峰口、古北口等燕山地区明长城沿线的对日抗战，主力部队是东北军、西北军和中央军。另一个是1937年至1945年发生在太行山长城沿线的对日抗战，参战部队有中央军、晋绥军和八路军。著名战役有平型关战役、忻口战役、雁门关伏击战、娘子关战役、阳明堡大捷、雁宿崖—黄土岭战役、东团堡战斗、大茂山保卫战等。其中，雁宿崖—黄土岭战役、东团堡战斗、大茂山保卫战及平型关战役的一部分发生在保定长城沿线地区。在黄土岭战役中，八路军击毙号称“名将之花”的日寇中将阿部规秀。保定长城沿线是著名的中共领导的晋察冀抗日根据地核心区域和指挥机关所在，是八路军发动的“百团大战”的主战场。著名的国际主义战士白求恩、柯棣华生前就战斗在保定长城沿线并牺牲于此，因此这里还是白求恩国际主义精神的诞生处。

（三）保定长城周边旅游资源

1. 易县旅游资源

易县为紫荆关所在县，战国时期，燕国在此建燕下都。历史上荆轲刺秦的故事为这里留下“风萧萧兮易水寒，壮士一去兮不复还”的千古绝唱。2006年，易县被联合国命名为“千年古县”。2019年，易县被评为首批国家级全域旅游示范县。

易县有着丰富的旅游资源，狼牙山、易水湖和清西陵等为国家4A级及以上景区，这里还有云蒙山、洪崖山、千佛山森林公园等众多景区（点），可以说是集“山水古迹”于一身，在全域旅游开发方面有着资源优势。

清西陵：位于河北省保定市易县梁各庄西15公里处的永宁山下，距离紫荆关20多公里，是国家5A级旅游景区。清西陵是清代其中4位皇帝的陵寝所在地，建筑面积5万余平方米，有宫殿1000余间，石雕刻和石建筑100余座，整个建筑群反映出清代建筑艺术的高超水平和独特民族风格。1961年，清西陵被国务院列为第一批全国重点文物保护单位；2000年，被列为世界文化遗产。

易水湖：有着“北方小桂林”之称。易水湖度假区现为国家4A级景区、国家级水利风景区。易水湖度假区目前有易水文化休闲度假小镇、养生岛康养小镇、老子峰3100米临水栈道、高端度假湖景酒店等旅游、康养项目。易水湖距离紫荆关16公里左右，距离清西陵十几分钟车程。

狼牙山：从易水湖景区南下，大概40多公里到达狼牙山景区。狼牙山风光绮丽，地处太行山北端东麓，地貌复杂，由5坨36峰组成，主峰莲花峰（大莲花瓣）海拔1105米。狼牙山是抗日战争时期五勇士跳崖的所在地，这使得狼牙山成为著名的红色教育基地。1993年5月，狼牙山被河北省人民政府命名为省级爱国主义教育基地。2008年4月，狼牙山被评为国家4A级旅游景区。

恋乡·太行水镇：是以太行山乡村风韵打造的望山、见水、忆乡愁的文旅康养小镇，规划面积约3.5平方公里，总投资36.6亿元，以旅游产业为龙头，驱动农村三产融合，搭建乡村资源整合平台。项目西傍风景优美的易水湖，北靠世界文化遗产清西陵，南连红色圣地狼牙山，被国家旅游局评为全国旅游扶贫示范项目（公司＋农户）。

2. 涞源县旅游资源

涞源地处保定市西北部，境内太行山、燕山、恒山三山交会，涞水源、易水源、拒马源三水同源。涞源暑期平均气温仅为21.7 ℃，素有“京西夏都、生态凉城”的美誉。涞源境内旅游资源丰富，拥有8大景区218个景点，以白石山、十瀑峡、空中草原、仙人峪、横岭子自然保护区、长城等景区、景点最具代表性。

白石山以北方黄山闻名天下，景区面积54平方公里，拥有全国唯一的大理岩峰林地貌，曾被评为世界地质公园、国家地质公园、国家森林公园、国家5A级旅游风景区。白石山有“三顶、六台、九谷、八十一峰”，主脊线长7000余米，最高峰是华北平原西北隆起之“龙首”。风景区主要景点有峰林、拒马源、十瀑峡等。2014年，白石山建成国内最长悬空玻璃栈道。

涞源是抗战时期八路军开辟晋察冀边区解放的第一座县城，一直处于晋察冀根据地的核心地区，拥有丰富的红色旅游资源。雁宿崖、黄土岭战斗遗址，位于涞源县银坊镇黄土岭村。抗日小英雄王二小出生地和牺牲地也都是涞源。

老一辈摄影艺术家吴印咸拍摄的黑白照片《白求恩大夫》，取景地就在涞源，拍摄时白求恩大夫正在涞源孙家庄小庙里为八路军伤员做手术。

3. 阜平县旅游资源

阜平地处河北西部太行山腹地，西临五台山，东接华北平原，是冀晋咽喉要道。阜平生态环境优美，植被覆盖率达70%，旅游资源丰富，集自然景观、历史人文景观、红色革命历史和地热温泉于一体。有着集中国北方最大瀑布群、中国最大片麻岩天生桥、罕见的原始次生林于一体的天生桥国家地质森林公园，以及云花溪谷（又称驼梁山）、仙人山、菩提湖、千峰山等景观。

天生桥国家地质森林公园被称为太行山深处的香格里拉，园内植被覆盖率为95%，森林覆盖率为80%。天生桥又称仙人桥，桥上长树，桥下流水。北方最大的瀑布群是天生桥景区的亮点。大瀑布九级，小瀑布不计其数，大小瀑布全部集中在一条山谷中，上下落差从几十米到100多米不等，其中最大的瑶台瀑布（就是天生桥之下的瀑布）落差112米（近40层楼高），非常壮观。天生桥国家地质森林公园距离倒马关长城约2小时车程。

虎山风景区位于倒马关长城和天生桥瀑布的中间地段，因其山顶的一块巨石颇似蓄势待发的猛虎而得名，虎山与著名的北岳恒山相连，风景区有金水泉、三连瀑、许愿树、空中草甸、淘金洞等特色景点。

阜平可称为红色革命圣地，在这里有诸多第一：北方第一个红色苏维埃政权，第一个敌后抗日根据地，第一个敌后抗日民主政权，出版了第一部《毛泽东选集》，印制了第一套人民币，毛主席在这里修改的《纪念“五一”国际劳动节口号》第一次描绘了新中国的蓝图。邓拓在这里创办的《晋察冀日报》是《人民日报》的前身，沙飞在这里创办的《晋察冀画报》是《解放军画报》的前身，因此这里还被誉为新中国红色新闻的摇篮。坐落于城南庄镇城南庄村的晋察冀边区革命纪念馆曾是晋察冀军区司令部所在地、毛主席居住过的地方，1974年正式对外开放，为国家级重点文物保护单位、全国爱国主义教育示范基地。城南庄革命纪念馆距离倒马关长城约一个半小时车程。

4. 涞水县旅游资源

保定涞水县具有悠久的历史，所辖釜山据传是华夏始祖轩辕黄帝打败蚩尤、会盟诸侯、统一中华大地的地方。国家5A级重点风景名胜区野三坡就在涞水境内，其以“雄、险、奇、幽”被誉为“世外桃源”。

涞水县列入市级及以上非物质文化遗产保护名录的项目共有16项。其中，国家级名录1项，省级名录5项，市级名录10项。涞水借全域旅游发展契机，通过非遗活态展示、文创产品开发等方式，不断释放非遗的文化价值和旅游价值，推动文化与旅游的深度融合发展。

长城在涞水县境内广为分布，最为典型的就是野三坡区域内的大龙门城堡。涞水县对县域内长城沿线具有代表性的旅游资源进行梳理，推动长城国家文化公园建设，对大龙门城堡本体进行修缮，开发了大龙门边关小镇、长城风景道、长城驿站、长城观景平台等文旅项目。

近年来，红色文化逐步成为野三坡旅游新的经济增长点。涞水依托鸡蛋坨五勇士等红色历史文化资源，兵工厂遗址、平西抗日烈士陵园等重要的红色文物，建设以山南村为中心的红色旅游片区促进当地文旅产业发展。新华网曾以“红色旅游‘火’了山南村”为题对涞水的红色旅游发展情况进行过报道。

（四）保定民俗文化

保定有着丰富悠久的历史文化，到目前为止，全市拥有国家级、省级文物保护单位133处，收录进非物质文化遗产名录的民俗项目615项，其中国家级有18项。

保定古乐和戏曲有多项进入国家级非物质文化遗产名录。保定老调就是其一，保定老调又称老调梆子，是保定特有的戏曲声腔剧种，唱腔质朴健朗、高亢而又清婉，已有二三百年的历史，有《潘杨讼》《忠烈千秋》《燕赵风骨关汉卿》《春到龙泉庄》等剧目。2008年，保定老调被列入第二批国家级非物质文化遗产名录。

被誉为中国音乐“活化石”的涞水高洛古乐，距今已有4000多年的历史，为首批国家级非物质文化遗产之一，是迄今为止我国最完整、最原汁原味、最富有民族色彩的四大古乐之一。曲谱为最古老的工尺谱和燕乐半字谱，演奏起来气势磅礴。

易县拾幡古乐，始于清代乾隆年间，距今有200多年历史，以易县东韩村、后部村拾幡会为代表。2008 年，东韩村拾幡古乐入选全国首批非物质文化遗产扩展名录。易县拾幡古乐，其表演特色鲜明。表演队伍着清一色的满族服饰，仪仗队有两杆龙凤大旗、两杆门旗、10 面龙凤幡旗，所以叫拾幡会。拾幡古乐演出阵容强大，队伍最多有 108 人，演奏乐器有 108 种之多。易县拾幡古乐，典雅、清淡、优美、缓慢，具有南方丝竹乐风格。

保定的中医药文化在国内也很有名。有着“药都”和“天下第一药市”之称的安国为我国北方最大的药材交流中心，举办的药王庙会已有 700 多年历史。另外，保定地区传承应用的脏腑推拿疗法，其脏腑图点穴疗法、段氏脏腑按摩疗法目前也仍有传承。

保定的易水砚、定瓷、曲阳石雕以及徐水刘伶醉酒酿造技艺等也属国内知名。易县制砚始于战国，盛于唐宋。易水砚为我国名砚，因材造型，以型定名，古朴典雅。定窑是宋代五大名窑之一，兴盛于北宋及金，断于元。定瓷有“白如玉、薄如纸、声如磬”之说，被誉为“天下第一瓷”。曲阳石雕距今已有 2000 多年历史，有圆雕、透雕、镂雕、浮雕等造型门类，技法不一而足。

此外，直隶官府菜是我国北方菜肴的主要代表之一，也是保定珍贵的文化遗产。从风格上看，直隶官府菜属中性咸香型，以鲜嫩爽滑、醇厚悠香为特色。保定特色美食还有驴肉火烧、白运章包子、牛肉罩饼等。

另外，铁球、面酱、春不老被称为保定“三宝”，易县摆字龙灯、徐水舞狮、涞源剪纸、阜平毛掸子会等也颇受欢迎。保定民俗文化资源丰富，不胜枚举，在长城文旅产业带开发过程中可将保定丰富的民俗文化融入其中。

三、乡村振兴背景下保定长城文化和旅游产业带发展策略研究

乡村振兴国家战略为推进长城周边乡村的发展以及县域经济的提升注入了新动能。保定市长城沿线经济不发达村镇众多，因此通过长城文旅产业的发展来助推乡村发展具有一定的示范性与可实施性。保定应结合助力长城沿线乡村振兴的相关举措，让长城保护开发能够真正融入经济社会发展，起到惠及民生的作用。

（一）保定长城沿线乡村文旅产业发展的迫切性

保定境内的长城主要位于市域的西部区域，包括涞水、易县、涞源、唐县、阜平、曲阳、顺平、徐水等地。

1. 长城沿线经济不发达村镇数量多，产业需求大

保定长城遗存基本布局在山地、丘陵，主要分布于农村地区。这些地区因为地势特点，没有相对完善的交通设施，因而地广人稀，这造成了长城沿线产业结构以第一产业为主，二、三产业滞后的现状。这些地区经济发展水平也相对落后，亟须通过调整产业结构促进村民就业，带动经济发展。

2. 长城沿线景区数量多，文化挖掘待突破

长城遗存分布多的地区，景区数量相对也较多。保定长城沿线的乡村，有一些进行了自发的乡村旅游开发，但由于缺乏专业人才，在开发过程中遇到许多问题。例如，缺乏整体规划，开发表现出盲目无序同时又同质化的态势；基础设施不完善，服务仍处于中低端水平，不能很好地满足游客需求；盲目开发造成了资源的浪费与生态环境的破坏，使部分原汁原味的乡村风貌受到影响，一定程度上失去了乡村自身的优势；品牌意识不足，多产业联动效应未显现。

3. 长城保护刻不容缓，需乡村联动以旅促发展

除了自然风化等自然因素影响，人为破坏也给长城带来了很大的保护难题。如农田用地、建设用地对部分长城点段的占压，生态环境恶化带来的荒漠化问题等，均对长城造成了很大的危害。因此，亟须通过产业优化来实现长城可持续发展，并通过宣传来提高人们的保护意识。可以通过号召沿线村民主动参与，实现乡村文旅发展与长城保护良性互动，以长城文旅产业带动乡村发展，以一个村带动另一个村，在促进经济发展的同时，注重精神文明建设，实现乡村联动共赢发展。

（二）保定长城文旅产业带发展需解决的问题

从总体看，保定市长城文旅产业带发展需要着力解决以下问题：一是能否找到保护与开发的平衡点。只有在进行科学保护与适度开发的前提下，才能够保证融历史文化内涵与地方特色于一体的旅游产品拥有持久的生命力。二是能否找准品牌特色。深入挖掘资源，找到相较于省内外同类旅游产品与服务的独

特点，才能提高自身竞争力，在差异化发展道路上走得更远，从而树立保定长城特色品牌形象。三是能否解决旅游项目体验单调的问题。要转变单一的观光旅游模式，重现体验旅游、生态旅游、休闲旅游、商务会务旅游等融合交叉式的旅游模式。四是能否实现统筹区域协调发展。应考察周边环境，依据自身特点进行开发，以不损害周边发展为底线，兼顾促进协调，实现区域共同发展。

要解决以上问题，实现长城旅游区域发展，其实施路径建设应重点考虑以下几点：一是注重进行长城文化的挖掘。二是关注长城与周边景区协同发展，打响整个区域的旅游品牌。三是考虑长城与周边乡村的联动，带动长城沿线的乡村振兴工作。四是注重产业发展，促进一、二、三产融合联动，实现长城沿线产业转型。五是统筹做好长城保护开发与交通、生态环境、当地建设规划等的衔接，在区域协同发展和乡村振兴中推进长城国家文化公园建设。

（三）保定长城文旅产业带发展策略与实施路径

1. 注重特色，构建差异化主题片区

根据不同年代长城具有不同的研究和欣赏价值特点，进行差异化开发，规划古长城旅游带、明长城旅游带等；在相关长城遗址核心保护区之外，开发文旅融合区，对长城背景、长城故事等进行挖掘和体验式开发。

相较于其他地区的长城，保定长城风貌古朴。保定境内的战国、明等各代长城均保持了原生态的自然古朴风貌，是目前全国少数没有经历过当代人工修缮再建的长城点段，尤其是乌龙沟—浮图峪段长城保存的完好度全国少见。涞源县 120 公里明长城全线均被列入全国重点文物保护单位名单，这在全国是唯一。因为侧重于保护，保定也是目前拥有优质长城文化资源却没有开发长城旅游景区的地区。这也是保定长城今后运营的亮点，应成为主要的宣传切入点。

保定还应将长城文旅资源与其他资源融合发展，如将当地较为成熟的旅游景点与长城融合开发，打造不同特色长城区段。此外，还需加强保定段长城抗战精神的挖掘以及红色景点的开发，建设保定长城红色旅游带。

总之，在旅游开发方面，可以依据保定长城沿线县、镇的自然资源和人文资源，确定不同地方长城文旅发展定位，打造不同的主题片区，进行特色发展。

2. 加强融合，聚焦乡村文旅产品开发

长城文化与乡村密不可分，乡村是长城文旅产品的载体与落脚点。在保定长城沿线，长城遗存与乡村结合，并对周边的区域风貌产生了影响。例如，长城的城墙、敌台等遗存，已经成为沿线乡村风貌不可分割的组成部分。因此，长城文旅开发可以为乡村为依托进行产品开发。在乡村文旅产品开发中，一可融合长城的物质载体特征与精神文化内涵，开发诸如军事体验考古研学等旅游产品；二可融合民俗文化打造诸如长城人家等旅游产品；三可融合地理或农业文化特色，在美丽乡村建设过程中开发长城周边写生摄影、农果采摘等体验产品。

3. 协调发展，以生态促品牌

注重保护乡村绿色生态环境，推动乡村旅游可持续发展，这是长城文旅产业带建设的应有之义。保定长城分布区域以乡村居多，长城文旅产业带发展需以乡村作为考虑问题的基础，设计适于乡村振兴与生态发展相结合的旅游产品。

一是与乡村振兴结合。应注重与农业、林业、水利、文旅、环保、交通、金融等部门的协作，统筹解决可能出现的规划、审批、资金等方面问题，形成工作合力，扎实推进产业带建设。

二是因地制宜，共享共建。应根据当地乡村的实际，将其地理特征、物质资源、历史文化等与长城保护开发相结合。长城沿线乡村有的是傍山而建，有的是依水而居，有的绿色资源突出，有的红色文化底蕴深厚，依据不同特征可确定不同发展模式。另外，长城文旅产业带开发要在以文旅富农的同时，带动相关产业转型升级，形成共建共享的格局。

三是整合资源，打造品牌。应优化长城沿线城镇公路，带动自驾车游客购买当地农副产品，提升乡村旅游综合消费水平。应统筹配套设施建设，优化公共服务体系，提升游客旅游体验满意度。应进行专业化、系统化的品牌塑造和营销。对农副产品提档升级，推进绿色认证工作，打造具有特色的地标产品；在平台方面加强与旅行社以及专业网络平台的合作，条件允许的情况下可建设当地农旅电商平台。

总的来说，在保定市乃至河北省产业转型升级、供给侧改革深化的历史窗口，在长城国家文化公园建设的契机下，保定市委市政府应将长城文旅产业带建设作为重要抓手，推动全域经济、社会、文化、生态全方位发展。

四、长城文旅产业带建设与美丽乡村建设的成功案例

保定长城文化与旅游产业带建设，可积极借鉴农旅发展成功案例。可借鉴的成功案例如下：

（一）精准定位，打造国际文化村

坐落在慕田峪长城脚下的北沟村，十几年前是人均收入不足 5000 元的贫困村。在找准自身定位，确定了开展特色旅游、面向中外游客、打造国际文化村的发展战略后，经过改造和发展特色民宿，北沟村一跃成为人均收入 2 万元的富裕村，并先后获得了“全国精神文明村”“全国生态文化村”“中国最有魅力休闲乡村”等多项国家级荣誉称号。这个美丽的山村吸引了来自美国、荷兰、德国等国 13 个家庭的友人长期居住、创业，成为京郊远近闻名的国际文化新村。

（二）文旅小镇发展模式

1. 古北口镇：长城脚下的特色小镇

古北口镇位于北京市东北部，镇域内拥有 5 段明长城和由明长城与北齐长城组成的长城环线，域内古北口战役阵亡将士公墓被国务院列为国家级抗日纪念设施。长城文化资源和红色文化资源是古北口镇发展的基础。

古北口镇以“文化立镇、旅游强镇、生态富民”为发展思路，依托丰富而独特的人文资源，在招商引资基础上，全力推进“国际休闲文化特色镇”建设。在促进本镇整体发展上，大力发展“一村一品”，推动一、三产业融合发展。目前，古北口镇所辖古北口、司马台、河西、汤河 4 个重点民俗村实现规范化发展，其他村的产业发展也各有特色并初具规模。2011 年，古北口镇古北口村被农业部评为“中国最具魅力休闲乡村”，成为北京市第一个获此殊荣的乡村。

另外，古北口镇在活用长城 IP 方面的很多做法值得借鉴。古北口镇按照

"中国长城休闲古镇"定位，打造长城文化带（古北口段）及长城景观步道，形成融合古、野、山、水、乡、闲、活于一体的新型休闲体验方式，精心设计路线，盘活镇内各景点，串点成线，打造古北口"一票通"线路。古北口镇通过深度挖掘当地历史文化资源，全面提升旅游产品层次，推动乡村振兴发展。

2. 涞源：京汉涞源南屯文旅小镇

保定涞源以文旅特色小镇模式打造京汉涞源南屯文旅小镇项目。项目总占地面积39平方公里。按照规划，项目根据南屯镇传统农业镇的特征，考虑自然环境因素，引入特色番茄种植技术，拓展小镇的精深加工、农耕体验、旅游观光、休闲度假、健康养老、教育文化等多种功能；融入京西百渡休闲旅游度假区，以山间民宿、农业庄园为体验项目载体，以温泉、长城、康养、野餐等丰富的度假产品为引擎，打造一站式、全天候、全季节的综合性国际旅游度假胜地。另外，通过文旅小镇项目为当地军事文化资源赋能，建设各种功能的军事旅游项目设施，打通军事旅游产业链的各环节，培育南屯经济新的增长点，树立具有国家级影响力的南屯军事旅游品牌。

京汉涞源南屯文旅小镇充分挖掘当地资源，通过将当地自然资源与历史文化资源进行整合和利用，走出了一条特色文旅小镇之路。在实现农业生产、深加工、销售，以及生态农业观光、文化旅游、军事文化体验等环节联动的基础上，促进了当地农民转业、就业，也推动了当地经济收入的增长。

五、打造以紫荆关路、倒马关路、飞狐古道为轴线的长城乡村文旅产业带

正如前面所述，保定长城资源丰富，但开发不足。随着长城国家文化公园项目的推进，依托白石山景区资源，涞源段的长城有着较好的发展机遇。依据"点-轴"理论，与乡村振兴相关的长城文旅产业带开发可从保定长城历史出发，融合白石山附近紫荆关路、飞狐古道、以倒马关为中心的倒马关路等资源进行开发。

在此以紫荆关路、倒马关路（并非紫荆关段、倒马关段）进行阐释，意在对历史进行呼应，表达更为准确。明嘉靖二十一年（1542年）正式设立紫荆

关参将，标志着紫荆关路的确立。①

（一）重视历史文化挖掘、基础设施建设

保定长城乡村文旅产业带开发，要对长城历史进行进一步的挖掘，对标志性地点或文物进行充分的保护、修复和利用，对于相关传说故事要进行研究整理并合理开发。

长城各景点的基础配套设施要跟上，目前保定长城旅游景点存在配套设施不足的问题，游客服务中心、长城标识等基础设施需要进一步提升，有条件的旅游景点可配备讲解员。

（二）长城紫荆关路的复兴与开发

据《四镇三关志》记载："紫荆关东至易州九十里，西至山西广昌县九十里，南至满城县一百二十里，北至马水口一百八十里，东北至沿河口昌镇界三百里，西南至插箭岭一百二十里，东南至保定府一百八十里。"紫荆关路长城由两部分组成，东北自涞源县的乌龙沟北，西南至该县南部白石口，与倒马关路的插箭岭相接；另有易县紫荆关以西的边墙支线也归其管理。据保定市文物管理处实际调查，该路段长城约 80 公里，敌楼 250 座。其中，乌字号 66 座、浮字号 53 座、宁字号 39 座、白字号 92 座，有盘石口、乌龙沟、浮图峪、宁静安、白石口 5 座堡寨及 45 个隘口。②

根据《河北省志》对紫荆关路长城主线的基本走向的描述，可以了解沿线村庄的情况：

从涞源县乌龙沟乡草滩村向南偏西方向，经邓家庄、大庄村村西山梁，过暖水村到乌龙沟口堡；而后跨乌龙河转西，行约 2 公里转南偏东方向，在煤窑村村西过河，复转向西行 3.5 公里到瓦窑梁村村东；而后转向南，过双陀，在忙儿沟西再过一个河口；其后又向西南行约 2 公里，到隋家庄村村东的小河口，是为乌龙沟和浮图峪辖界分界处。长城自小河口继续向西南延伸，过长岭

① 王雯、解丹：《明代紫荆关路军管体系形成过程及其历史背景研究》，《河北地质大学学报》2021 年第 1 期。

② 解丹、张铭昊、谭立峰：《基于 GIS 的明长城紫荆关防区防御性聚落空间特征研究》，《中国文化遗产》2020 年第 6 期。

儿口、长桥儿口、天桥、羊栏沟，从北窑沟过拒马河至浮图峪，进宁静安界。自浮图峪起，长城一直向南，直至亚家庄村村东的宁静安城（今孟良城）。由此继续向南，至海拔1794米的穆家寨北转而向西，行约13.5公里至白石口，再转南至白石山林场，与倒马关路长城相连。此段长城长63公里。①

紫荆关防区军事聚落呈现“多级节点，辐射布局”的放射结构、“横向分段，纵向分层”的线性结构，以及“烽驿串联，面状防御”的面状结构特征。从紫荆关关城与下级堡寨之间的交通联系来看，盘石口是保卫紫荆关的核心。

紫荆关路长城沿线重要隘口关城：紫荆关—盘石口—乌龙沟城堡—浮图峪关城—宁静安城堡—白石口。在开发时，应以这条线路为重要的增长极，向周边辐射延伸进行开发。开发时，应还原重建乌龙沟城堡、浮图峪关城、宁静安城堡等关城、城堡，丰富文旅资源。与此同时，还可建设具有历史感的特色建筑、线路步道、商铺酒肆等，借鉴成熟的关城、城堡打造模式，融合当地历史文化特色，实现长城与乡村经济融合发展。

（三）对接以插箭岭、倒马关为中心的倒马关路长城

倒马关路长城分倒马关、插箭岭、狼牙口、茨沟营几部分。倒马关路长城地处涞源、阜平、唐县，以及山西灵丘、繁峙县山岭中，共有边墙体约11.1公里，空心敌楼、战台、烽火台共98座。除插箭岭修建城墙外，其他多以山险为障。插箭岭段长城是倒马关路长城中的精华地段。插箭岭长城东起白石山西侧，与紫荆关路管辖的白石山长城相接，过插箭岭关城，向西经石城安、独山城、七亩地进入山西灵丘县与涞源县交界的地区，止于狼牙山东侧。

从路线来看，倒马关路长城涉及插箭岭、石城安、中窑峪、东窑峪、独山城、七亩地等村从插箭岭向西延伸的路线。从开发的角度来讲，可以沿207国道至倒马关进行乡村旅游带开发，沿线村镇有五间房村、教场村、午门村、走马驿镇、大石峪村和倒马关村等。旅游带距离白石山景区不远，而且与紫荆关路相接，因此可联动开发。

---

① 河北省地方志编纂委员会编《河北省志（第81卷·长城志）》，文物出版社，2011，第115页。

（四）飞狐古道的深度开发

飞狐古道又称飞狐径，从涞源县城北的金家井出发，经上庄、岔道、北口至河北蔚县南部的宋家庄镇，是历史上燕赵通胡的要道，也是兵家常争之地。北宋时的地理名著《舆地广纪》描述飞狐陉："两崖峭立，一线维通，迤逦蜿蜒，百有余里。"飞狐古道的制高点黑石岭处于蔚县、涞源县的交接点上，飞狐古道也是塞外桑干河支流壶流河与关内拒马河的分水岭。史料中记载："宣大通中原有二门，居庸关当其后，紫荆关置其前；走居庸关者必经鸡鸣山，走紫荆者必经黑石岭。"作为太行八陉之一，飞狐古道是紫荆关和倒马关天然的外部屏障。

飞狐古道历史悠久，发生在其中的历史故事非常多，对这方面的历史资源应深入挖掘。同时，飞狐古道具有典型的线路连贯性，就其历史价值来看，其商贸、政治、文化、军事价值显而易见，因此亟须从文化线路遗产的角度对飞狐古道进行审视并保护利用。① 飞狐古道连接涞源和蔚县，在开发上应打破行政边界实现整合开发，同时与紫荆关长城和倒马关长城联动开发，打响飞狐古道品牌。长城和古道沿边的村镇可纳入长城—飞狐古道文旅带的开发。2022 年 3 月被河北省确立为 15 个乡村振兴衔接示范区之一的飞狐古道出发地金家井乡，就可纳入开发范畴。

（五）蔡树庵长城—大龙门堡、龙泉关的增长极开发

蔡树庵长城—大龙门堡是涞水县长城开发的重要一极。蔡树庵长城呈南北走向，北侧承接白家口长城和一段无名的神秘长城，南侧以大龙门堡为依托，正西则是路城马水口防区，东面紧邻金华山和横岭子。大龙门堡是我国明代内长城上的重要城堡之一，位于涞水县拒马河南岸。城堡多以条石、青砖垒砌，高 5 至 8 米，宽 4 米，上筑战台和垛口，周长 2 公里，建有东、西门。

目前，大龙门堡所在的大龙门村依托边堡建筑和摩崖石刻把当地打造成龙门天关旅游景区，大龙门村村民多以旅游民宿接待为重要的经济来源。龙门天关景区属于野三坡景区群的分支。当地拥有中共冀热察区委员会、冀热察八路

---

① 孔旭红、崔水莲：《飞狐古道旅游开发研究》，《城市地理》2016 年第 4 期。

军挺进军司令部等十几处红色遗址，著名音乐家曹火星谱写并唱响《没有共产党就没有新中国》的地方——南山村的红色旅游开发较好。目前，涞水县长城国家文化公园建设正在稳步开展，作为资源丰富又集中的地区，这一极开发前景极大。

龙泉关是明长城真保镇重要关隘，位于保定市阜平县西部的龙泉乡。龙泉关为明清内长城，东瞰阜平，西扼五台，南连申塘关，与山西固关、娘子关一起构成畿西屏障。同时，龙泉关又北应茨沟营，直上近山西繁峙平型关，转东经吴王口连倒马关、紫荆关，三关互为声援。由于特殊的地理位置，龙泉关历史上曾是一座繁华的大城镇。目前，保定阜平龙泉关镇入选首批全国乡村旅游重点镇名录，该镇的骆驼湾村和顾家台村获评“全国乡村旅游重点村”称号。境内有晋奉战场遗址、晋察冀军区旧址、藏兵洞等近代战争遗迹，有天生桥瀑布、千峰山等旅游景点。

虽然龙泉关镇在乡村旅游开发方面颇多举措，但曾经作为长城重要关隘的历史并没有得到开发、利用，长城文旅开发有待进一步推进。龙泉关长城文旅开发建设中，应参照历史上繁华的龙泉关镇的景象完善相关配套设施，以情景化再现方式开发、打造龙泉关景区。此外，长城岭位于龙泉关西约 10 公里，阜平县与山西五台县交界处，墙体全长 1 公里，中间为关门。建筑雄伟精美，关门顶上的旗杆石、赑屃，关门内的别门闩眼，墙上的龙头水口，残存的垛口、射孔等无不折射出长城岭当年的雄姿。因此，可以将长城岭以长城古道的形式纳入长城堡的开发中。总的来说，龙泉关长城文旅开发要结合周边资源，以长城＋历史、长城＋红色遗迹、长城＋生态资源、长城＋民俗游等模式进行联动建设，打造龙泉关长城品牌。

附录

河北省长城保护条例

（2021 年 3 月 31 日河北省第十三届人民代表大会
常务委员会第二十二次会议通过）

第一章　总则

第一条　为了加强长城保护，规范长城利用，发掘长城价值，传承长城文化，弘扬长城精神，培育和践行社会主义核心价值观，根据《中华人民共和国文物保护法》《长城保护条例》等法律、行政法规，结合本省实际，制定本条例。

第二条　本省行政区域内长城的保护、利用及其监督管理，适用本条例。

本条例所称长城，包括长城的墙体、壕堑、界壕、单体建筑、关堡及其相关设施等各类遗存。

本条例所称长城点段，是指由国务院文物主管部门认定并公布的具有长城资源认定编码的长城遗存。

第三条　长城保护应当贯彻保护为主、抢救第一、合理利用、加强管理的方针，坚持科学规划、原状保护的原则，保护长城的真实性、完整性和历史风貌。

第四条　省和长城所在地设区的市、县（市、区）人民政府（以下简称长城所在地县级以上人民政府）应当根据属地管理原则承担长城保护主体责任，建立健全长城保护综合协调机制。长城保护工作应当纳入长城所在地县级以上人民政府绩效考核评价体系。

长城所在地县级以上人民政府文物主管部门对本行政区域内的长城保护实施监督管理。

长城所在地县级以上人民政府发展改革、教育、公安、财政、自然资源、生态环境、住房城乡建设、交通运输、水利、农业农村、文化和旅游、应急管理、审计等相关部门在各自的职责范围内，负责有关的长城保护工作。

长城所在地乡镇人民政府、街道办事处应当配合县级以上人民政府及其文物主管部门做好长城保护工作。

长城沿线的村（居）民委员会应当通过制定村规民约、居民公约等方式，向村（居）民宣传普及长城保护知识，组织动员村（居）民开展长城保护活动。

第五条　长城所在地县级以上人民政府应当将长城保护经费纳入本级财政预算，落实各级支出责任，用于长城日常巡查与养护、抢救性维护、监控监测、装备购置、长城保护员补贴和培训等。

长城参观游览区经营性收入应当优先用于长城保护。

长城所在地县级以上人民政府应当鼓励、引导和支持社会力量依法设立长城保护公益基金，接收社会捐赠，参与长城保护工作；鼓励、引导和支持社会资本依照法律法规和相关规划参与长城研究、利用、展示、开放等工作。

第六条　省人民政府及其相关部门应当与毗邻的长城沿线的省、自治区、直辖市人民政府及其相关部门共同建立长城保护协调机制，协商长城保护重大事项，开展联合执法巡查。

第七条　长城点段为省内设区的市、县（市、区）行政区域边界的，毗邻的人民政府及其文物主管部门应当建立沟通协调机制，落实分段管理责任，明确协作要求，做好管理衔接，确保长城点段巡查、看护、管理全覆盖。

第八条　公民、法人和其他组织都有依法保护长城的义务。

第九条　鼓励社会组织和志愿者依法开展长城公益活动，参与长城保护工作。

长城所在地县级以上人民政府及其有关部门应当为长城保护公益活动提供便利。文物主管部门应当建立长城保护志愿者工作制度，并对公益活动和志愿者服务给予支持和指导。

第十条　各级人民政府应当加强长城保护宣传工作。

县级以上人民政府教育主管部门和中小学校应当将长城知识纳入学生教育内容，培养学生的长城保护意识。鼓励各类学校建立长城文化传承教育基地，组织学生开展各类研学活动。

各级各类新闻媒体应当开展长城知识和长城保护法律法规宣传，褒扬先进典型，进行舆论监督。

第十一条　长城所在地县级以上人民政府及其文物主管部门应当按照有关规定，对在长城保护和利用工作中做出突出贡献的组织或者个人给予奖励。

第十二条　省人民政府应当确定“河北省长城保护日”。

长城所在地县级以上人民政府及其文物主管部门应当在长城保护日开展主题宣传教育活动。

第二章　长城保护

第十三条　长城保护坚持不改变原状、最低程度干预、预防为主、分级分类保护和分段管理，对长城本体和环境风貌进行整体保护。

长城所在地县级以上人民政府及其文物主管部门应当根据长城点段的本体类型、价值特征、保存状况和城乡区位等因素，制定并实施科学合理的保护措施。

长城保护实行专家咨询制度。制定长城保护总体规划、审批与长城有关的建设工程、决定与长城保护有关的重大事项，应当听取专家意见。

第十四条　省人民政府应当依据国家长城保护总体规划组织编制本省长城保护规划，必要时可以按程序予以调整。

长城所在地县级以上人民政府依据国家长城保护总体规划和本省长城保护规划，组织编制国家级长城重要点段保护规划。

长城所在地县级以上人民政府制定本行政区域的国民经济和社会发展规划、国土空间规划以及相关专项规划，应当落实长城保护规划规定的保护措施。

第十五条　省人民政府依法划定本行政区域内长城的保护范围和建设控制地带，明确管控措施并予以公布。

省人民政府文物主管部门应当将公布的保护范围和建设控制地带报国务院文物主管部门备案。

第十六条　省人民政府应当在长城重要点段保护范围内、长城沿线的村镇、交通路口和其他需要提示公众的地段设立长城保护标志。设立长城保护标志不得对长城造成损坏。

长城保护标志应当载明长城点段的级别、名称、公布机关、公布日期、立标机关、立标日期以及长城点段的修筑年代、保护范围、建设控制地带和保护机构等。

第十七条　长城所在地县级以上人民政府应当建立本行政区域内的长城档案，其文物主管部门应当将长城档案报上一级文物主管部门备案。

长城所在地县级以上人民政府文物主管部门应当对长城保存、保护、管理、展示、利用等档案信息及时进行补充完善，至少每年续补一次。

省人民政府文物主管部门应当建立长城档案数据库，加强长城档案数字化建设和管理。

第十八条　省人民政府应当为本行政区域内的长城点段确定长城保护机构。长城点段有实际管辖单位或者利用单位的，可以确定该单位为保护机构。

保护机构对负责的长城点段依法开展保护管理工作，进行日常巡查、养护和监测，并建立日志。发现安全隐患的，应当立即采取控制措施，并及时向文物主管部门报告。

有长城点段分布的国家公园等自然保护地管理单位应当配合文物主管部门和长城保护机构依法开展日常管护、执法巡查、保护修缮等工作。

第十九条　长城所在地县级人民政府或者其文物主管部门可以聘请长城保护员，发放统一制式证件，并对长城保护员进行岗前和日常业务培训，提高其长城巡查、看护能力。

长城保护员应当对负责的长城点段进行日常巡查、看护并做好记录，定期向文物主管部门报告长城及其整体环境风貌、保护标志和防护设施状况，及时报告长城及其有关防护设施受到人为破坏或者自然损毁的情况，协助有关部门调查长城违法案件、做好长城日常养护和长城保护宣传等工作。

第二十条　长城所在地县级人民政府或者其文物主管部门应当为聘请的长城保护员提供必要的巡查、看护工具，给予适当补助，办理意外伤害保险。补助标准可参考当地最低工资标准。有条件的地方可以将长城保护员纳入当地社会公益性岗位管理。

第二十一条　长城沿线的村（居）民委员会对破坏长城的行为应当进行劝阻或者制止，并及时向文物、公安等相关部门报告。

第二十二条　长城所在地县级以上人民政府及其文物主管部门应当组织做好长城日常养护、抢险加固、修缮等保护维修工作。长城保护维修应当符合相关技术标准、规范的要求。

第二十三条　修缮和加固长城应当按照《中华人民共和国文物保护法》的规定办理审批手续，由依法取得文物保护工程资质证书的单位承担。

修缮和加固长城应当遵守不改变原状和最低程度干预原则，充分尊重传统工艺，合理运用现代技术，保证长城的结构安全，保护长城的历史风貌。

长城点段已经损毁的，应当实施遗址保护，不得在原址重建。

第二十四条　长城面临突发严重危险但是暂时不能进行彻底修缮时，长城所在地县级以上人民政府及其文物主管部门应当对长城采取具有可逆性的临时加固措施，避免险情扩大，并及时补办审批手续。

第二十五条　长城所在地县级以上人民政府及其文物主管部门应当对早期长城的重要点段和易于遭受人为破坏的重要点段，设置防护设施。

第二十六条　省人民政府文物主管部门应当加强长城保护的科学技术研究，鼓励和支持研究成果应用，提高长城保护的科学技术水平。

第二十七条　鼓励支持社会组织和个人经文物主管部门批准，对长城点段进行认领保护并签订认领协议，履行保护义务。

第二十八条　禁止在长城上从事下列活动：

（一）取土、取砖（石）、挖掘；

（二）种植、养殖、放牧；

（三）刻划、涂污；

（四）架设、安装与长城保护无关的设施、设备；

（五）驾驶交通工具或者利用交通工具等跨越长城；

（六）展示可能损坏长城的器具；

（七）有组织地在未辟为参观游览区的长城举办活动；

（八）法律、法规禁止的其他活动。

第二十九条　禁止挪动、损毁、刻划、涂污长城保护标志及其保护设施。

禁止倒卖长城砖、石碑石刻、铁炮、匾额等长城文物。

第三十条　任何组织或者个人不得在长城保护规划禁止工程建设的保护范围内进行工程建设。在建设控制地带或者长城保护规划未禁止工程建设的保护范围内进行工程建设的，应当遵守有关法律、行政法规的规定。

任何组织或者个人进行工程建设，不得拆除、穿越、迁移长城。工程建设涉及到长城的，应当绕过长城。无法绕过的，应当采取挖掘地下通道或者架设桥梁的方式通过长城。

长城保护范围和建设控制地带内的建设工程应当符合保护规划的要求，不得建设污染长城及其环境的设施，不得进行可能影响长城安全及其环境风貌的建设。对已有的污染长城或者影响周边环境风貌的设施，应当限期治理。

第三十一条　长城保护范围内禁止下列活动：

（一）从事探矿采矿、采石采砂、爆破、钻探、挖掘、开山、堆放垃圾、修建坟墓；

（二）种植对长城本体造成挤压或者破坏的树木；

（三）法律、法规禁止的其他活动。

第三章　长城利用

第三十二条　长城利用应当以保护为前提，坚持把社会效益放在首位、社会效益和经济效益相统一，发挥长城在国防教育、爱国主义教育、传承中华优秀传统文化、弘扬民族精神、抗战精神中的独特作用。

第三十三条　省人民政府及其相关部门应当依据长城国家文化公园建设方

案、长城保护总体规划等相关规定，制定本省区域内长城国家文化公园建设保护规划，建设长城国家文化公园，形成具有特定开放空间的公共文化载体，集中打造中华文化重要标志。

第三十四条　省级长城国家文化公园建设管理的协调机构负责长城国家文化公园建设管理、资源整合、工作统筹和事务协调。

各级负责长城国家文化公园管理的机构应当制定相应的运行管理制度，并组织实施。

第三十五条　长城国家文化公园建设，应当根据文物和文化资源的整体布局、禀赋差异及其周边人居环境、自然条件、配套设施等情况，重点建设管控保护、主题展示、文旅融合、传统利用等主体功能区。

第三十六条　长城国家文化公园建设和运行应当引导和鼓励社会资本参与，激发市场主体活力，建立多元化投入机制。

第三十七条　将长城点段辟为参观游览区，应当符合《长城保护条例》规定的条件和程序。在参观游览区内设置服务项目，应当符合长城保护总体规划的要求。

长城点段辟为参观游览区前，长城所在地县级以上人民政府应当组织开展长城点段保存现状、开放可行性、可承载的利用类型以及强度等专项评估，制定参观游览区管理规定。

第三十八条　参观游览区基础设施不得对长城本体、长城文化景观及其周边地形地貌造成破坏。

在长城保护范围和建设控制地带内，应当减少设置固定和永久游览设施，提倡使用易于安装、移动或者拆除的活动设施。

第三十九条　参观游览区应当科学确定长城旅游容量指标，合理设置参观游览路线，加强游客参观游览行为监测，制定突发事件应急预案。

第四十条　县级人民政府文物主管部门应当与利用单位签订保护责任书，明确长城安全、保养维护、监督管理等方面的责任和义务。

利用单位应当将长城日常保养维护列入年度工作计划，对长城本体的病害威胁、安全隐患、保护性设施状况及其周边环境进行日常和定期巡查，及时发现问题并妥善处理。

利用单位应当建立日常管理制度，明确具体责任人负责长城日常巡查、预防性保护和信息报告等工作。

第四十一条 县级以上人民政府及其有关部门应当加强长城历史、科学、建筑、艺术、文化等研究工作，开展国际、国内合作与交流，挖掘长城精神内涵，阐释长城文化价值，推动长城文化宣传。

第四十二条 鼓励高等学校、科研单位、文化机构、社会团体和个人设立长城保护研究机构，开展资源调查、科学研究和学术交流等。

第四十三条 鼓励以长城为主题的文化产品开发和文艺作品创作，解读长城历史，阐释长城价值，弘扬长城精神。

第四十四条 支持设立长城博物馆、展览馆和文化馆，宣传展示长城实体文物和历史沿革、体系构成、建造技艺、精神内涵等。

第四十五条 鼓励在车站、机场、码头、公共交通工具、商业营业场所、公园、景区等公共场所开展长城公益宣传；鼓励长城文化元素进社区、进校园、进企业，开展长城文化、长城精神主题活动。

第四十六条 长城所在地县级以上人民政府及其文物主管部门应当运用多媒体、大数据、云计算、人工智能等技术手段，推动建立长城资源与管理数字平台，推进长城数字资源永久保存、有序共享。

第四章 监督管理

第四十七条 长城所在地县级以上人民政府及其文物主管部门应当加强对长城保护利用工作的监督检查和管理。

第四十八条 长城所在地县级以上人民政府文物主管部门、行政执法机构应当制定长城执法巡查工作方案并负责组织实施，对长城重要点段进行定期抽查，对长城保护机构、长城保护员工作进行经常性检查，对本行政区域内长城每年至少进行一次全面巡查。

长城所在地县级以上人民政府文物主管部门、行政执法机构发现影响长城安全的重大事件，应当立即采取控制措施，并向本级人民政府及其上级人民政府文物主管部门报告。

第四十九条　省人民政府文物主管部门可以对未履行长城保护职责或者履行职责不到位造成恶劣社会影响的设区的市、县（市、区）人民政府进行约谈。

第五十条　县级以上人民政府应当建立健全长城保护资金使用的监督、审计和公示制度。审计机关应当依法对长城保护资金进行审计监督。

第五十一条　任何组织和个人都有权对破坏长城及其历史风貌的行为进行举报。文物主管部门、行政执法机构接到举报后，应当及时进行调查处理。

第五十二条　长城所在地县级以上人民政府文物主管部门应当组织开展长城监测工作，对长城文物本体、环境、管理等情况进行动态监管。

应当利用遥感卫星、无人机、现代通信等技术和手段，对长城本体和整体环境进行监测。

第五十三条　省人民政府文物主管部门应当制定长城保护应急预案，建立全省长城监测预警机制，对易遭受人为破坏或者面临自然灾害威胁的长城点段加强风险管控与应急预警。

第五十四条　长城所在地县级以上人民政府应当对长城保护范围和建设控制地带内危害长城安全和破坏长城环境风貌的建筑物、构筑物依法予以拆除或者拆迁。需要给予补偿的，依法予以补偿。

第五十五条　符合法律规定的国家机关和社会组织对破坏长城、造成损害的，可以依法提起公益诉讼。

第五章　法律责任

第五十六条　长城所在地县级以上人民政府、文物主管部门以及其他负有长城保护职责的部门有下列行为之一的，由上级行政机关责令改正，通报批评，对直接负责的主管人员和其他直接责任人员依法给予处分；构成犯罪的，依法追究刑事责任：

（一）编制和实施本行政区域国民经济和社会发展规划、国土空间规划以及相关专项规划，未落实长城保护规划规定的保护措施的；

（二）未将长城保护经费纳入本级财政预算或者未按规定使用经费的；

（三）未履行长城保护管理责任造成长城损坏或者发现违法行为不予查处的；

（四）未按要求履行长城国家文化公园建设主体责任或者建设管理中出现重大问题的；

（五）其他玩忽职守、滥用职权、徇私舞弊的行为。

第五十七条　长城保护机构和利用单位有下列行为之一，造成长城损坏的，由省人民政府文物主管部门责令限期改正，对直接负责的主管人员和其他直接责任人员依法给予处分，取消该单位利用资格；构成犯罪的，依法追究刑事责任：

（一）保护机构未履行养护、监测职责的；

（二）保护机构和利用单位发现安全隐患，未及时采取控制措施并向文物主管部门报告的；

（三）利用单位未建立日常管理制度，未明确具体责任人负责长城日常巡查和预防性保护等工作的。

第五十八条　违反本条例规定，有下列情形之一的，由县级以上人民政府文物主管部门责令改正，造成严重后果的，处十万元以上五十万元以下的罚款；情节严重的，由原发证机关吊销资质证书：

（一）在禁止工程建设的长城点段的保护范围内进行工程建设的；

（二）在长城保护范围或者建设控制地带内进行工程建设，未依法报批的；

（三）因工程建设拆除、穿越、迁移长城的，或者未采取本条例规定的方式进行工程建设的。

在长城保护范围内或者建设控制地带内建设污染长城及其环境的设施的，或者对已有的污染长城及其环境的设施未在规定的期限内完成治理的，由县级以上人民政府生态环境主管部门依照有关法律、法规的规定给予处罚。

第五十九条　违反本条例规定，有下列情形之一的，由县级人民政府文物主管部门责令改正，造成严重后果的，对个人处一万元以上五万元以下的罚款，对单位处五万元以上五十万元以下的罚款：

（一）在长城上架设、安装与长城保护无关的设施、设备的；

（二）在长城上驾驶交通工具或者利用交通工具等跨越长城的；

（三）在长城上展示可能损坏长城的器具的；

（四）在长城保护范围内从事探矿采矿、采石采砂、爆破、钻探、挖掘、开山活动的。

第六十条　违反本条例规定，有下列情形之一的，由县级人民政府文物主管部门责令改正，给予警告；情节严重的，对个人并处一千元以上五千元以下的罚款，对单位并处一万元以上五万元以下的罚款：

（一）在长城上取土、取砖（石）、挖掘的；

（二）在长城上种植、养殖、放牧的；

（三）在长城保护范围内堆放垃圾、修建坟墓的；

（四）在长城保护范围内种植树木对长城本体造成挤压或者破坏的；

（五）有组织地在未辟为参观游览区的长城举办活动的。

第六十一条　违反本条例规定，刻划、涂污长城或者挪动、损毁、刻划、涂污长城保护标志及其保护设施的，按照《中华人民共和国文物保护法》《中华人民共和国治安管理处罚法》的规定予以处罚。

第六十二条　违反本条例规定，倒卖长城砖、石碑石刻、铁炮、匾额等长城文物，尚不构成犯罪的，由县级以上人民政府文物主管部门责令改正，没收违法所得，违法经营额一万元以上的，并处违法经营额二倍以上五倍以下的罚款；违法经营额不足一万元的，并处五千元以上二万元以下的罚款。

文物商店、拍卖企业有前款规定的违法行为的，由县级以上人民政府文物主管部门没收违法所得、非法经营的文物，违法经营额五万元以上的，并处违法经营额一倍以上三倍以下的罚款；违法经营额不足五万元的，并处五千元以上五万元以下的罚款；情节严重的，由原发证机关吊销许可证书。

第六十三条　将不符合规定条件的长城点段辟为参观游览区，或者辟为参观游览区未按照规定备案，或者在参观游览区内设置的服务项目不符合长城保护总体规划要求的，依照《长城保护条例》的规定予以处置处罚。

第六十四条　长城保护员未按照本条例规定履行职责，由长城所在地县级人民政府或者其文物主管部门给予批评教育；有下列行为之一并造成严重后果的，予以解聘；构成犯罪的，依法追究刑事责任：

（一）发现破坏长城犯罪行为不及时报告的；

（二）利用担任长城保护员之便，谋取非法利益的。

第六十五条　违反本条例规定，法律、行政法规已有处罚规定的，从其规定。

第六章　附则

第六十六条　本条例自2021年6月1日起施行。

后　　记

河北文化产业的实践与应用是杜浩教授带领的研究团队——河北大学文化产业研究院的主研方向。目前，研究团队对太行山文化产业带、京津冀文化创意产业、河北大运河文化产业带等进行了扎实的调研，形成了一系列研究成果。本书可以看作这一系列研究的延续。

经研究团队多次研讨、反复打磨，得以形成本书的框架以及体系，在此也感谢商建辉教授、宋伟龙副教授等专家在本书框架以及体系建构上给予的指导。“河北省长城文化和旅游产业带发展策略研究课题组”自组建以来，历时两年多时间，对河北省各地长城旅游开发情况、长城周边发展状况、各地不同的资源优势以及存在问题等进行实地调研和深入思考，在把握政策的基础上，结合之前有关长城的研究资料，有针对性地提出河北省长城文化和旅游产业带的发展策略。本书倾注了笔者和团队成员的大量心血，在此将团队成员的名字列出，感谢他们对本书所做的贡献：

舒畅（第1章）、楚静宇（第2章、第3章）、张萌（第4章）、苏玉（第5章）、邵玉潇（第6章）、赵婧怡（第7章）、王君慧（第8章）、蒋钰皓（第9章）。

本书作为河北省长城文旅相关研究专著，以“点-轴”理论为基础，着重为河北长城文旅产业带开发提供应用策略。由于河北长城资源丰富，线路较长，各地存在实际差异，研究难度大，也由于笔者本身的局限，书中难免有错漏之处，敬请专家学者和广大读者批评指正。

另外，本书是河北省哲社科工作办委托项目“河北长城文化、冰雪文化产业发展策略研究”的研究成果之一，得到河北省哲社科工作办的大力支持。同时，在此也感谢河北省委宣传部、河北省文旅厅、河北省发改委以及相关科研院所的大力支持。在当前中央提出的长城国家文化公园建设的发展机遇下，期待有更多相关研究成果的产出。

2023 年 1 月